SIAN EIRIAN LEWIS

FI YDY FI

Llyfr gwybodaeth i bob
merch am dyfu i fyny

AF291080

y olfa

Wedi'i gymeradwyo gan arbenigwr

Argraffiad cyntaf: 2023
© Hawlfraint Sian Eirian Lewis a'r Lolfa Cyf., 2023
© Hawlfraint lluniau: Celyn Hunt

*Mae hawlfraint ar gynnwys y llyfr hwn ac mae'n
anghyfreithlon llungopïo neu atgynhyrchu unrhyw ran ohono
trwy unrhyw ddull ac at unrhyw bwrpas (ar wahân i adolygu)
heb gytundeb ysgrifenedig y cyhoeddwyr ymlaen llaw*

Rhif Llyfr Rhyngwladol: 978-1-80099-389-1

Dymuna'r cyhoeddwyr gydnabod cymorth ariannol
Cyngor Llyfrau Cymru

Cyhoeddwyd ac argraffwyd yng Nghymru
ar bapur o goedwigoedd cynaliadwy gan
Y Lolfa Cyf., Talybont, Ceredigion SY24 5HE
e-bost ylolfa@ylolfa.com
gwefan www.ylolfa.com
ffôn 01970 832 304

FI YDY FI

Llyfr gwybodaeth i bob merch am dyfu i fyny

SIAN EIRIAN LEWIS

Lluniau gan
CELYN HUNT

Dylunio gan
TANWEN HAF

Diolch i Dr Mair Parry am ei chymeradwyaeth.

I fy merch, Rhodd, am y syniad.
Sian

I fy efaill Elinor, a wnaeth fy helpu yn ystod fy arddegau.
Celyn

I fy nith gariadus, Emily, sy'n prifio mor gyflym!
Tanwen

FI YDY FI

dwi, ac mae'r llyfr
hwn yn eiddo i mi!

CYNNWYS

Cyn dechrau darllen y llyfr yma rhaid i ti ddeall un peth. Un peth **PWYSIG IAWN.**

Mae 'del' yn air digon diflas i ddisgrifio merch ac mae **CEIRAU GWELL** na *del* i'w cael.
Mae llawer mwy i ferch na'i chorff a sut mae hi'n edrych.

Penderfynol

Anturus

Creadigol

Clên

Unigryw

Doniol

Dewr

Cryf

Caredig

UCHELGEISIOL

Annibynnol

Hwyliog

Gofalus

Hyderus

Dibynadwy

RHYFEDDOL

Addfwyn

Gonest

Cariadus

Chwareus

FFYDDLON

Cadarnhaol

Trefnus

Myfyriol

Bywiog

Doeth

Dewisa eiriau sy'n dy ddisgrifio di orau.

Wedyn, ysgrifenna'r geiriau yma:

2. PAM MAE FY NGHORFF YN DATBLYGU?

Yn ystod y blynyddoedd nesaf mi fydd dy gorff yn datblygu ac yn newid o fod yn gorff plentyn i fod yn gorff oedolyn.

Wel, mae'n *amrywio* o ferch i ferch. Fel arfer, mae'r cyfnod yn dechrau pan rwyt ti rhwng 8 a 13 oed. Mae rhai merched yn dechrau'n iau, tra bod eraill yn dechrau pan maen nhw'n hŷn.

Does dim ots. Cofia, mae dy gorff di'n glyfar ac yn gwybod yn iawn beth sydd angen iddo'i wneud er mwyn dy helpu i dyfu'n oedolyn.

Wrth i dy gorff ddatblygu mi fyddi
di'n sylwi ar lawer o newidiadau.
PWYLL PIAU HI!
Dydy'r newidiadau yma *ddim*
yn digwydd dros nos. Mi fydd
rhai newidiadau'n teimlo'n
fach, a rhai eraill yn teimlo'n
ANFERTHOL.

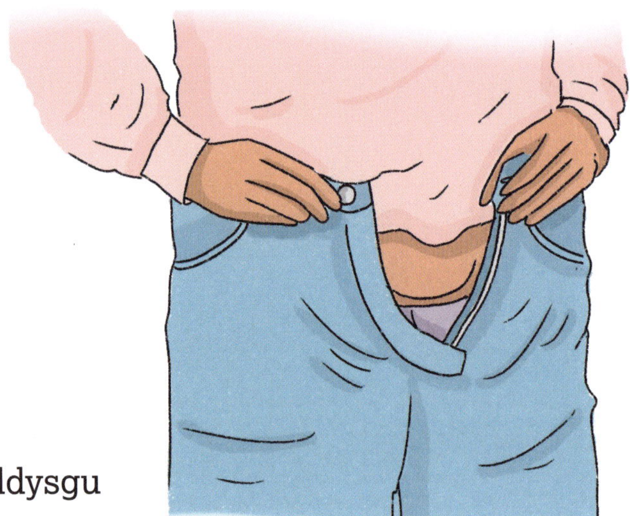

Gydag amser, mi wnei di ddysgu
pa mor ANHYGOEL ydy dy
gorff a deall nad oes angen teimlo'n *swil*
am y newidiadau sy'n digwydd i ti.
Mae'n broses *naturiol* ac mae pob
oedolyn sydd o dy gwmpas di
wedi cael yr un profiad.

Pam mae rhaid i fy nghorff newid?

Pwrpas yr holl newidiadau yma ydy paratoi dy gorff er mwyn gallu cael babi. Wrth gwrs, does dim RHAID i ti gael babi – dy ddewis di fydd hynny pan fyddi di'n oedolyn. Digon am fabis am y tro… mae mwy am bethau felly ar dudalen 44.

Pa fath o newidiadau fydd yn digwydd i ti felly?

Dyma restr. Dydy'r rhestr *ddim* mewn trefn benodol. Mi fydd y drefn yn wahanol i bob merch ac yn digwydd dros gyfnod HIIIIR o amser.

Mi fyddi di'n tyfu

Mi fydd rhannau eraill o dy gorff yn datblygu ac yn *newid siâp*, gan gynnwys dy fronnau, dy gluniau a dy ben-ôl.

Mi fyddi di'n tyfu blew

Mi fydd blew dy goesau a dy freichiau'n tyfu'n fwy trwchus. Mi fyddi di'n sylwi ar flew newydd hefyd.

Mi fydd arogl dy gorff yn newid

Wrth i ti wneud ymarfer corff ac yn ystod tywydd poeth mi fyddi di'n sylwi dy fod yn arogli ychydig yn wahanol. Mae hyn yn digwydd pan mae chwys yn cymysgu â bacteria ar dy groen. NEIS, de?!

Mae'n bosib y bydd dy groen
di'n teimlo'n fwy seimllyd
ac y byddi di'n cael sbotiau
ar rannau o'r corff.

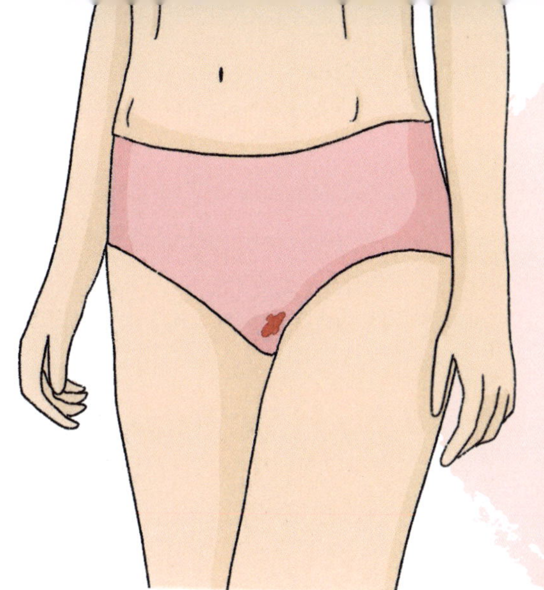

Mi fydd dy fislif yn dechrau

Pan fydd dy gorff yn barod, mi fydd TIPYN BACH o waed yn gadael dy wain. Mi fyddi di'n gweld y *tipyn bach* o waed yn dy nicyrs. Mae hyn yn digwydd unwaith y mis (mis–lif. Enw da, 'de?) ac yn para rhwng 4 a 7 diwrnod.

Mi fyddi di'n sylwi ar deimladau newydd

Yn sgil y newidiadau fydd yn digwydd i dy gorff, mae'n bosib y byddi di'n sylwi ar deimladau newydd yn datblygu.

Mae'r rhestr yn *hir* ac yn gallu darllen yn ych-a-fi, ond dydy'r broses yn ddim byd i'w hofni! WIR YR!

Mi fydd y penodau sy'n dilyn yn rhoi mwy o wybodaeth i ti, fel dy fod yn barod am y profiad. Amdani!

3. HORMONAU

Mae'r ymennydd fel un cyfrifiadur MAWR sy'n cadw trefn ar bopeth sy'n digwydd yn dy gorff. Nid ti sy'n cael dewis pryd mae rhannau'r corff yn dechrau datblygu, yn anffodus! *Yr hormonau* sy'n penderfynu, ac maen nhw'n gwneud gwaith pwysig iawn.

Beth yw hormonau?

Cemegolion yw hormonau. Maen nhw'n cael eu creu yn yr ymennydd. O'r ymennydd, mae hormonau'n anfon negeseuon sy'n teithio yn y gwaed at rannau gwahanol o'r corff.

Mae'r negeseuon yma'n dweud wrth y corff beth sydd angen ei wneud wrth i ti ddatblygu o fod yn blentyn i fod yn oedolyn.

Oestrogen

Mae'r hormon yma yn un prysur tu hwnt! Dyma'r hormon sy'n gyfrifol am newid siâp dy gorff a pharatoi rhannau ohono i fod yn gallu cael babi.

Progesteron

Mae'r hormon yma'n gyfrifol am dy fislif ac am ofalu am fabi pan mae'n dechrau tyfu yn y groth.

Testosteron

Mae angen yr hormon yma wrth i ti dyfu er mwyn helpu i ddatblygu cyhyrau ac esgyrn iach.

Pam dwi'n teimlo fel hyn?

Er bod hormonau'n bethau clyfar, maen nhw'n gallu bod yn boen weithiau! Mae hormonau yn cael effaith ar sut rydyn ni'n teimlo, ac mae'n bosib y byddi di'n sylwi ar emosiynau gwahanol yn ystod cyfnod yr arddegau:

Efallai y byddi di'n teimlo'n wahanol am bethau roeddet ti'n arfer eu mwynhau:

* yn nerfus cyn gwers nofio

* yn bryderus cyn siarad o flaen pawb yn y dosbarth

* yn flin yng nghwmni dy frawd neu chwaer fach

Mae'n bosib mai'r *hormonau* sydd ar fai!

Bydda'n *garedig* efo ti dy hun. Gydag amser, mi fyddi di'n dysgu beth sy'n codi calon pan rwyt ti'n teimlo fel hyn. Mae mwy am sut i deimlo'n well ar dudalen 66.

Beth sy'n codi dy galon di?

Ysgrifenna restr yma:

4. BRONNAU

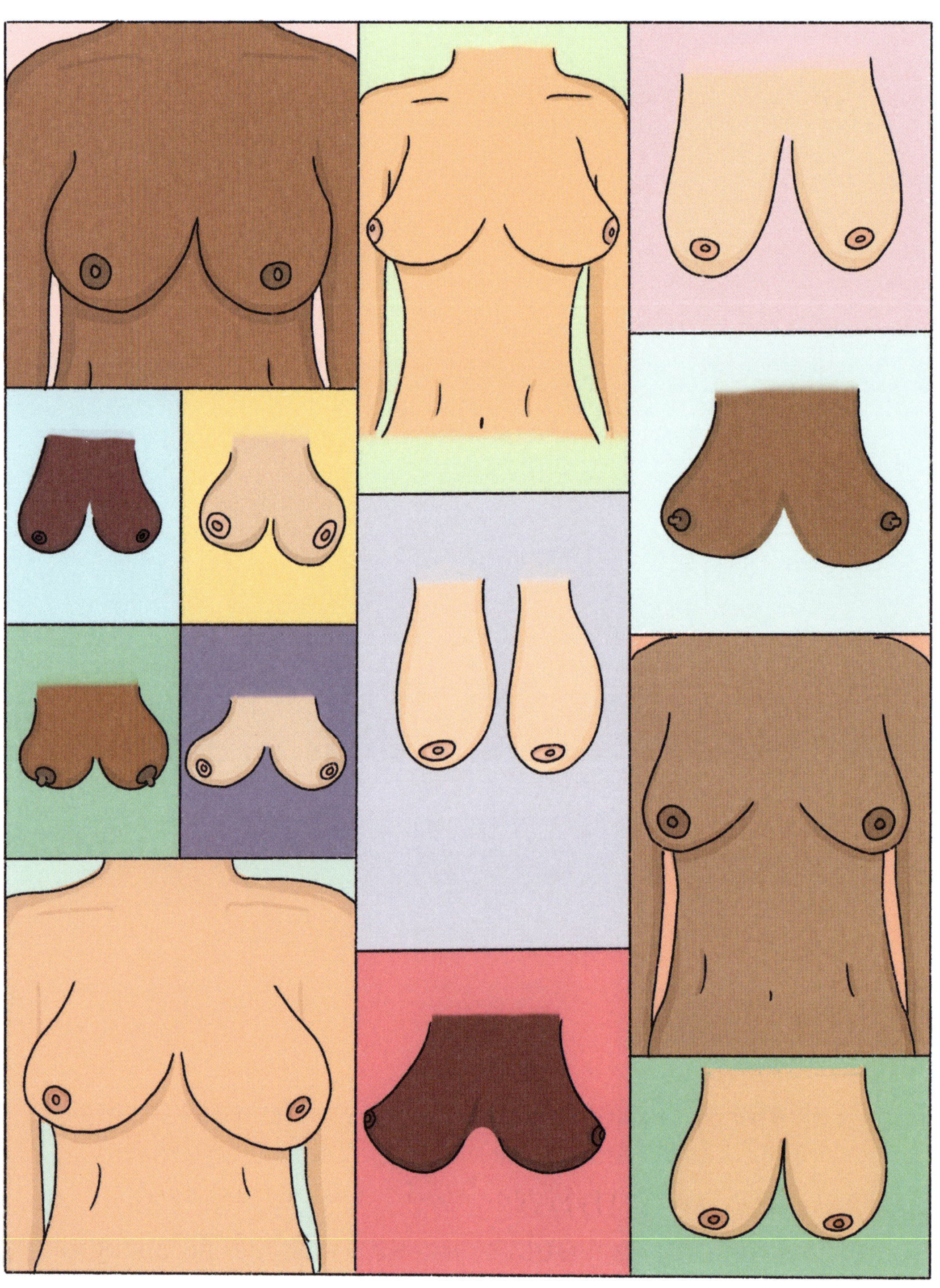

Mawr, bach, canolig… does dim maint na siâp 'perffaith' i fronnau. Mi fydd dy fronnau'n datblygu i fod y rhai fydd yn berffaith ar gyfer *dy gorff unigryw di*.

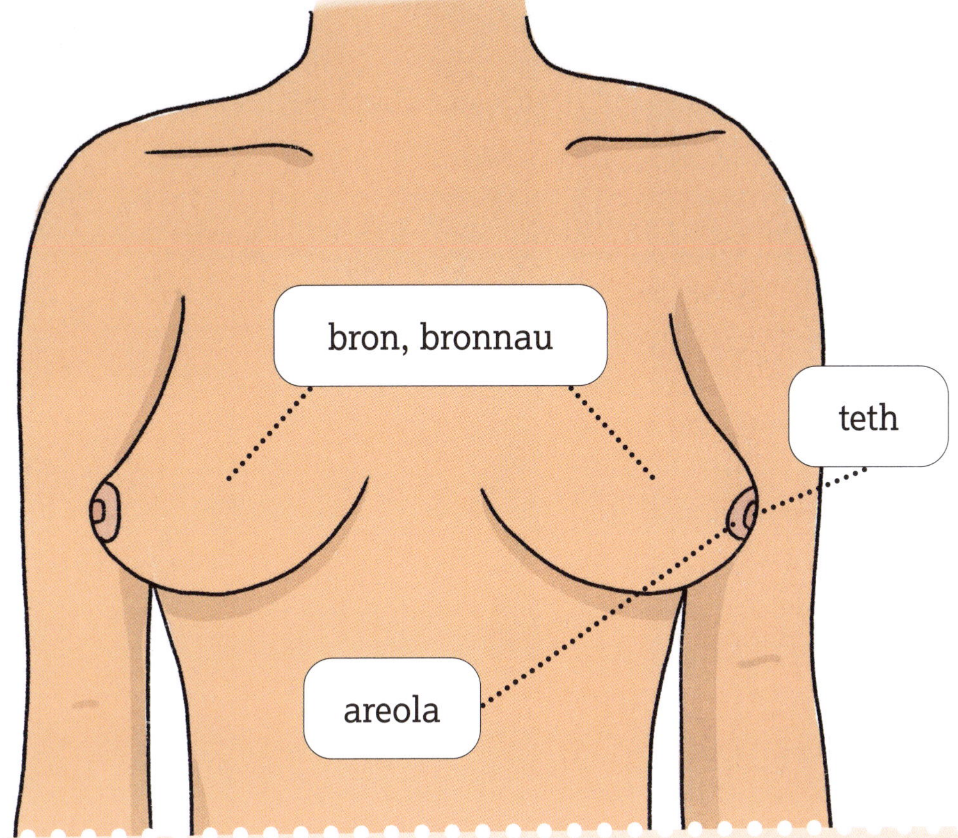

Fel arfer, mae bronnau'n dechrau tyfu pan rwyt ti rhwng 8 a 12 oed. Dim ond dechrau, cofia. Mae bronnau'n cymryd *blynyyyyyyyddoedd* i ddatblygu'n llawn.

Does dim rwyt ti'n gallu ei wneud i'w brysio na'u stopio!

Camau Datblygu

I ddechrau, mi fyddi di'n
sylwi ar chwydd bach,
tua'r un maint â darn 10c,
o dan bob teth. Efallai
bydd un yn ymddangos
cyn y llall. Ar y llaw
arall, efallai na fyddi
di'n sylwi arnyn nhw o
gwbl gan eu bod mor
fach! *Paid â phoeni* os
byddan nhw'n teimlo'n
annifyr ac ychydig yn
boenus o dro i dro –
mae hyn yn naturiol,
ac mae gwisgo top
cwta, neu *crop top*,
yn gallu dy helpu
i deimlo'n fwy
cyfforddus pan
mae dy fronnau'n
dechrau datblygu.

Yna, mi fydd y cylch bach o groen (areola ydy'r gair go iawn) o gwmpas dy dethi'n tyfu'n gylch mwy. Mae'n bosib y bydd y cylchoedd croen yma'n newid lliw hefyd gan ymddangos yn fwy tywyll nag o'r blaen. Brown golau, pinc tywyll… does dim ots am y lliw – mi fydd yn wahanol i bob merch. Efallai y byddi di'n dod o hyd i ambell flewyn yn tyfu o gwmpas y tethi. Mae hyn yn hollol normal hefyd.

Yn **araf bach** a bob yn dipyn mi fydd dy fronnau'n datblygu ac yn newid siâp, gan ymddangos yn fwy llawn nag oedden nhw ar ddechrau'r cyfnod datblygu.

Pam mae fy mronnau i YN LLAI/YN FWY na rhai fy ffrindiau?

Wrth lwc, mae corff pawb yn *unigryw*.

Mi fuasai bywyd yn ddiflas tu hwnt tasai pawb yn edrych yn UNION yr un peth â'i gilydd. Efallai mai ti yw'r gyntaf o blith dy ffrindiau sydd â'i bronnau'n dechrau datblygu. Neu efallai nad ydy dy fronnau di'n ymddangos fel petaen nhw'n tyfu o gwbl! Weithiau, dydyn ni ddim am fod yn wahanol i'n ffrindiau. Mae'n bwysig cofio bod yn glên gyda'n gilydd, yn ogystal â ni'n hunain, gan beidio â bod yn genfigennus o'n ffrindiau sydd â bronnau mwy/llai na ni. Bronnau mawr neu beidio – ffrindiau am byth!

Gwisgo bra

Wrth i dy fronnau ddatblygu, efallai y byddi di'n teimlo
ei bod yn amser dechrau gwisgo bra. **Nid pawb** sy'n gwisgo
bra – mae rhai merched yn dewis peidio. Yn wahanol
i dop cwta, mae bra yn cynnal y bronnau yn ystod
ymarfer corff neu chwaraeon – sy'n ddefnyddiol os
am *beidio â chael bronnau yn bownsio i bobman!*

Mae dewis gwych o fras ar gael.
Pa bynnag fra rwyt ti'n ddewis –
un lliwgar, un plaen, un syml,
un llawn ffrils – mi ddylai
dy ffitio'n dda a theimlo'n
gyfforddus. Mae'n bosib
cael dy fesur mewn siop
er mwyn gweld pa faint
sydd yn dy **FFITIO** orau, yn
ogystal â thrio gwahanol rai
er mwyn gweld pa un sy'n

TEIMLO orau arnat ti.

Os ydy mynd i siopa am fra
yn codi ofn arnat, beth am
fynd gydag oedolyn neu
ffrind? Pa bynnag fra fyddi
di'n ddewis, mi fydd ei
wisgo yn teimlo'n od yn y
lle cyntaf. Ymhen dim, mi
fydd gwisgo bra fel gwisgo
unrhyw ddilledyn arall, ac
yn sicrhau dy fod yn gallu
cymryd rhan mewn unrhyw
weithgareddau heb boeni
am dy fronnau.

5. BLEW

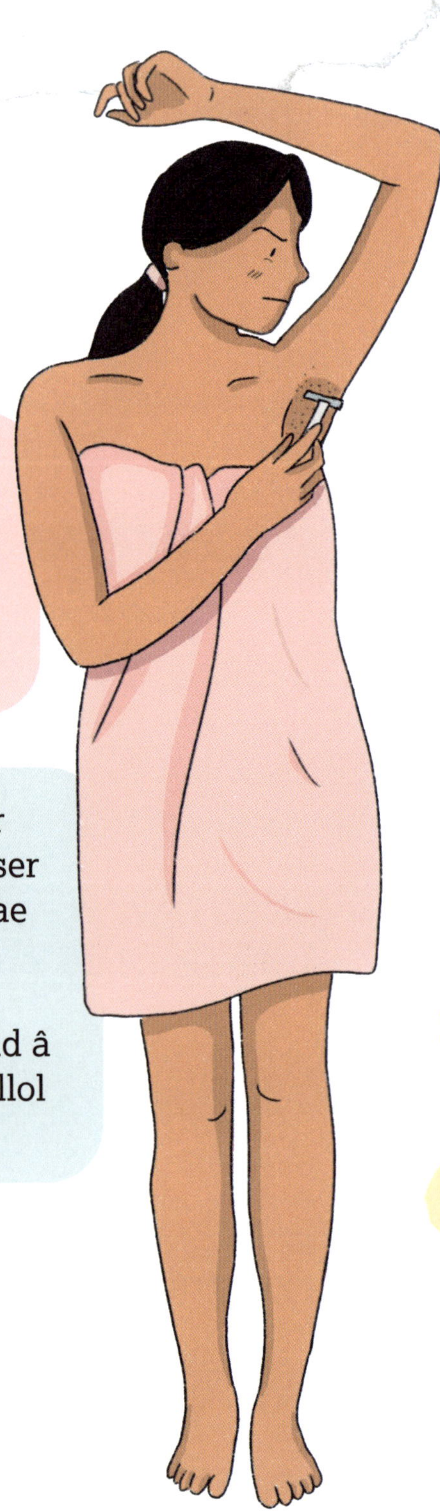

Mae pwrpas i bob blewyn sy'n tyfu ar y corff. Mae blew yn WYCH am:

- gadw tymheredd y corff yn gyson
- amddiffyn rhannau sensitif o'r corff

Er hynny, dydy sylwi ar flew yn tyfu ar rannau newydd o'r corff ddim bob amser yn gwneud i ti deimlo'n wych. Pam mae angen CYMAINT o flew arnon ni? Does neb yn gwybod yn iawn, ond paid â phoeni – mae tyfu blew newydd yn hollol naturiol yn ystod cyfnod yr arddegau.

Mae'n bosib y byddi di'n sylwi bod y blew sydd gen ti ar dy goesau a dy freichiau ers pan oeddet ti'n blentyn ifanc yn ymddangos yn fwy trwchus a thywyll nag o'r blaen. Mi fyddi di'n gweld bod blew newydd yn ymddangos ar rannau eraill o'r corff hefyd, yn cynnwys o dan dy geseiliau a rhwng dy goesau. Mae blew bach yn gallu tyfu ar rannau eraill o'r corff hefyd – y cefn, y wyneb, a'r pen-ôl. Fydd y blew newydd yma ddim yn ymddangos dros nos, felly paid â phoeni am ddeffro un bore ac edrych fel bwgan blewog!

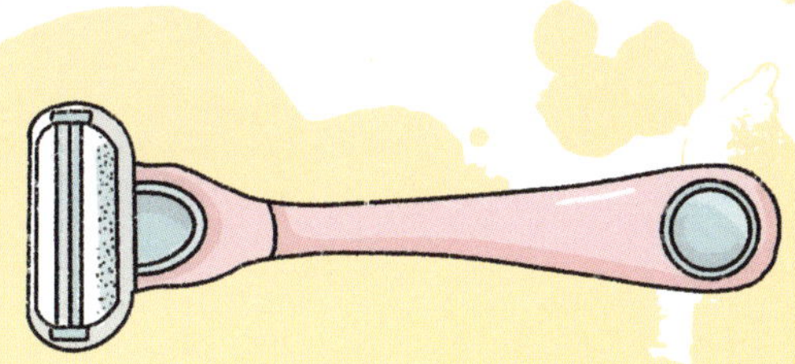

Mae merched yn gallu tyfu mwstás hefyd!

Mae rhai merched â llawer o flew, a rhai eraill ag ychydig o flew yn unig. Mae blew rhai merched yn olau, tra bod blew merched eraill yn dywyll ac yn haws i'w weld o ganlyniad.

Does **DIM** angen teimlo **CYWILYDD** am dyfiant blew, ond mae rhai merched yn gallu teimlo ychydig yn sensitif am y peth, yn arbennig os oes blew yn tyfu ar rannau amlwg o'r corff.

Cofia fod yn garedig, gan beidio â phryfocio na sbeitio neb am dyfiant blew.

Blew Piwbig

Dyma'r enw ar y blew fydd yn tyfu rhwng dy goesau. Mae'r blew yma'n aml yn fwy cyrliog a thrwchus na'r blew sy'n tyfu ar rannau eraill o'r corff. Yn wahanol i wallt, dydy blew piwbig ddim yn gallu tyfu'n hir. Mae blew piwbig yn gallu bod yn lliw gwahanol i dy wallt hefyd. Yn amlach na pheidio, mi fydd eu lliw tua'r un lliw â dy aeliau di.

Blew neu beidio?

Efallai dy fod wedi sylwi bod rhai merched hŷn yn dewis cael gwared ar flew sy'n tyfu ar rannau o'r corff, fel eu coesau ac o dan eu ceseiliau. Does dim rheswm meddygol am hyn, ond mae merched wedi bod yn cael gwared o flew ers canrifoedd.

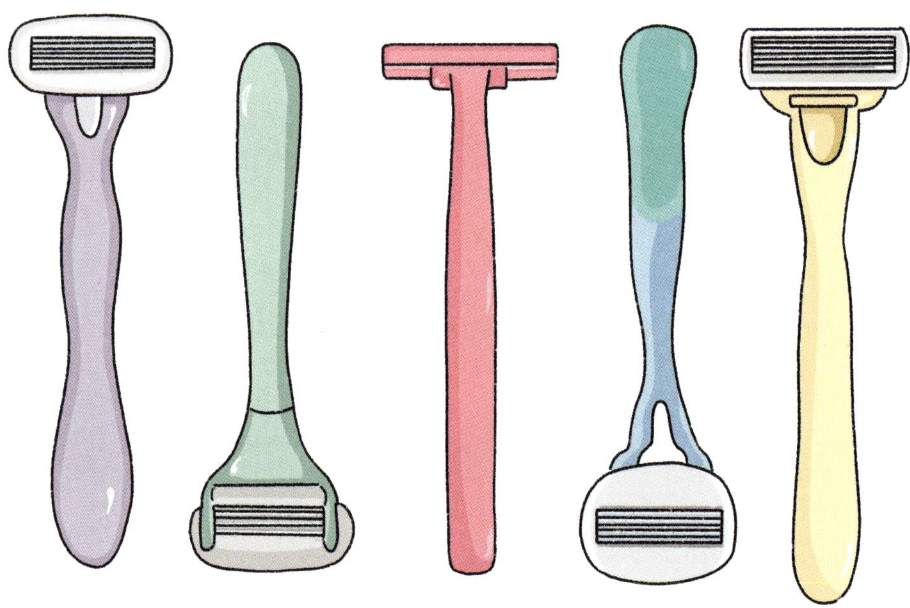

Oeddet ti'n gwybod?

Roedd y Rhufeiniad yn cael gwared ar flew gan ddefnyddio eli oedd yn cynnwys poer gafr a gwenwyn neidr!

Wrth lwc, does dim angen geifr na nadroedd i gael gwared ar flew erbyn hyn! Mae sawl dull gwahanol (a diogel) ar gael, yn cynnwys siafio, plycio a defnyddio eli neu gwyr arbennig. Dydy pob dull ddim yn addas ar gyfer pob rhan o'r corff, felly beth am holi aelod o'r teulu neu ffrind hŷn am gyngor?

Nac ydy. Efallai bydd y blew yn teimlo'n arw neu'n bigog am gyfnod wrth iddo ddechrau tyfu ar ôl i ti ei siafio. Ond, dydy cael gwared ar flew ddim yn newid ei drwch na'i liw na pha mor gyflym mae o'n tyfu yn ei ôl.

Mae **paaaaaaaaaaawb** yn chwysu o dro i dro. Pan rydyn ni'n teimlo'n boeth, yn cadw'n heini, yn bwyta bwyd sbeislyd neu'n teimlo'n nerfus, mae'n naturiol i ni chwysu. Chwysu ydy'r ffordd mae'r corff yn oeri ei hun pan mae'n teimlo'n rhy boeth. Mi ddwedais i fod y corff yn beth clyfar, yn do?

Oeddet ti'n gwybod?

Mae chwys yn cael ei gynhyrchu gan chwarennau (*glands*) bychain yn y croen. Mae gennym tua 3 miliwn o'r chwarennau bychain yma, ac mae llawer iawn ohonyn nhw ar ein dwylo, ein ceseiliau a'n traed. Does ryfedd felly fod pâr o dreinyrs newydd yn gallu drewi'n OFNADWY mewn dim o dro!

Wrth i ti gyrraedd cyfnod yr arddegau, mi fyddi di'n sylwi dy fod yn teimlo'n fwy chwyslyd nag oeddet ti pan oeddet ti'n blentyn bach.

Wrth i dy gorff ddatblygu, mi fyddi di'n cynhyrchu math gwahanol o chwys sydd yn gallu drewi wrth iddo gymysgu â'r bacteria sydd gen ti ar dy groen.

Er mwyn osgoi'r drewdod, mae'n bwysig dy fod yn cymryd gofal ohonot dy hun, ac yn:

* ymolchi bob dydd gyda dŵr cynnes a sebon

* gwisgo nicyrs glân bob dydd

* golchi dy ddillad yn aml

* defnyddio diaroglydd (*deodorant*)

Mae dewis da o ddiaroglyddion ar gael – rhai naturiol heb bersawr, a rhai eraill sy'n arogli o bob math o bethau neis. Rhai ar ffurf chwistrellydd (*spray*), a rhai eraill i'w rholio o dan dy geseiliau. Mae'n bwysig dy fod yn defnyddio diaroglydd ar ôl i ti olchi dy geseiliau. Yn y bore sydd orau, ac mi ddylai'r diaroglydd sicrhau nad wyt ti'n drewi am weddill y dydd.

Os wyt ti'n teimlo dy fod yn chwysu llawer, efallai bydd gwisgo crys-t, sanau, a nicyrs wedi'u gwneud o gotwm neu ddeunyddiau naturiol eraill yn helpu. Mae cotwm yn dda am amsugno chwys, o'i gymharu â deunyddiau eraill.

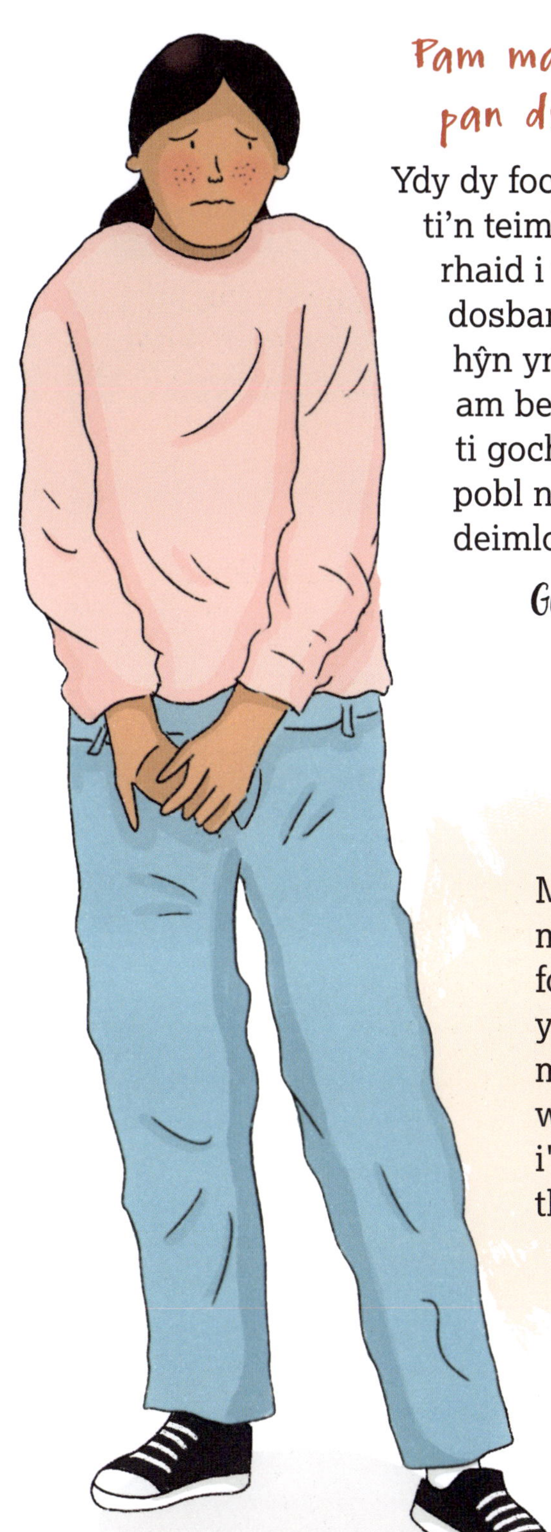

Ydy dy fochau'n troi'n goch pan wyt ti'n teimlo'n bryderus? Pan mae'n rhaid i ti siarad o flaen pawb yn y dosbarth neu gerdded heibio plant hŷn yn yr ysgol? Efallai bod siarad am bethau personol yn gwneud i ti gochi, neu efallai mai cyfarfod pobl newydd sy'n gwneud i ti deimlo'n nerfus?

Gwrido ydy'r gair am hyn.

Mae gwrido'n digwydd pan mae dy gorff yn synhwyro dy fod dan straen. Mae dy galon yn dechrau curo'n gyflym ac mae'r pibellau gwaed yn dy wyneb yn lledu, gan wneud i'r bochau edrych yn goch a theimlo'n gynnes.

Mae pawb yn gwrido weithiau. Os wyt
ti'n berson sy'n gwrido'n aml, paid â phoeni.
Mae 'na bethau bychain rwyt ti'n gallu eu gwneud:

* **Cau llygaid**

Dim ond am ychydig, gan
esgus nad oes neb yn y byd
i dy farnu am wrido.

* **Chwerthin**

Mae meddwl am rywbeth doniol yn
gallu helpu i dawelu dy bryderon.
Mae chwerthin am y ffaith dy fod di'n
gwrido'n gallu helpu hefyd!

Wrth i ti aeddfedu, mi fyddi di'n
dysgu sut i ymdopi â sefyllfaoedd
sy'n gwneud i ti wrido, ac mi fydd
delio â phrofiadau sy'n codi cywilydd
arnat ti yn dod yn llawer haws.

7. CROEN A GWALLT

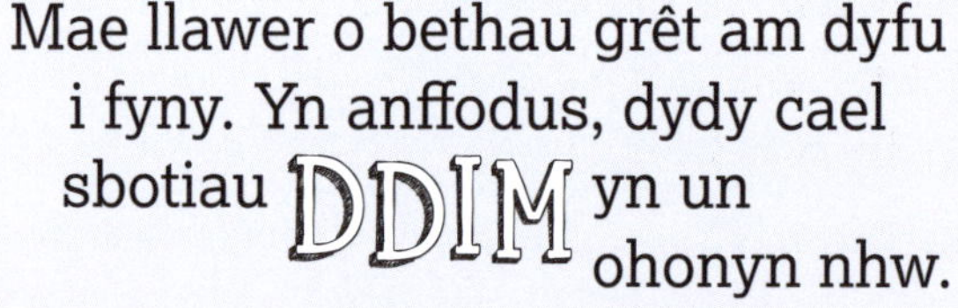

Mae llawer o bethau grêt am dyfu i fyny. Yn anffodus, dydy cael sbotiau DDIM yn un ohonyn nhw.

Mae oedolion yn gallu cael sbotiau hefyd, ond yn ystod yr arddegau mae hormonau'n gallu gwneud i dy groen gynhyrchu gormod o sebwm. Mae *sebwm* (dim sebon!) yn stwff arbennig sy'n cadw'r croen yn iach a'i stopio rhag teimlo'n sych. Ond mae gormod o sebwm yn gallu creu sbotiau.

Mae cael ambell sbot ar dy drwyn, talcen neu ên yn gyffredin iawn, yn arbennig cyn dy fislif neu pan wyt ti'n teimlo dan straen. Rwyt ti hefyd yn gallu cael sbotiau ar dy gefn, brest, cluniau, ac ar dy ben-ôl!

Acne

Mae *pawb* yn cael sbot o dro i dro, ond mae acne yn gyflwr o'r croen sy'n achosi llawer iawn o sbotiau. Yn aml, mae angen ychydig o help (ac amser) i gael gwared arnyn nhw.

* Paid â phigo neu wasgu sbotiau – er dy fod eisiau gwneud hynny! Mi allet ti wneud y sbot yn waeth a chreithio'r croen.

* Defnyddia sebon wyneb i ymolchi. Mae bob bore a nos yn ddigon – mae golchi'n rhy aml gyda dŵr poeth neu oer iawn yn gallu gwneud pethau'n waeth!

* Mae rhoi eli ar y croen ar ôl ymolchi hefyd yn bwysig. Mae'n bosib bydd rhaid rhoi mwy nag un cynnig arni cyn dod o hyd i sebon neu eli sy'n siwtio dy groen, ac mae gofyn am help gan fferyllydd yn syniad da bob amser.

* Os wyt ti'n poeni am dy acne, mi fydd dy ddoctor yn barod i roi help i ti. Mae'n bosib trin acne gydag eli neu dabledi arbennig sydd ar gael ar bresgripsiwn.

Oeddet ti'n gwybod?

Mae rhai pobl yn credu bod bwyta gormod o siocled neu greision yn achosi sbotiau. *Lol!*

Mae rhai eraill yn meddwl mai dim ond pobl sydd ddim yn ymolchi sy'n cael sbotiau. *Celwydd!*

Yn amlach na pheidio, mae'n dibynnu ar dy rieni. Wnaethon nhw gael llawer o sbotiau pan oedden nhw'n ifanc? Os felly, mae'n debyg iawn y byddi di'n cael sbotiau hefyd. *Sori!*

Beth ydy'r streipiau sy'n ymddangos ar fy nghroen?

Wrth i dy gorff ddatblygu, efallai byddi di'n sylwi ar streipiau bach coch neu biws ar dy fronnau, cluniau, bol neu ben-ôl. Olion ymestyn (*stretch marks*) ydy'r enw ar y streipiau yma. Mae'r streipiau'n ymddangos pan mae'r croen yn ymestyn ac yn teneuo wrth i ti dyfu. Mae sicrhau dy fod yn yfed digon o ddŵr ac yn rhoi eli ar dy groen yn gallu helpu i gadw dy groen yn iach. Fel arfer, mae'r streipiau'n colli lliw gydag amser, ond efallai na fyddan nhw'n diflannu'n llwyr.

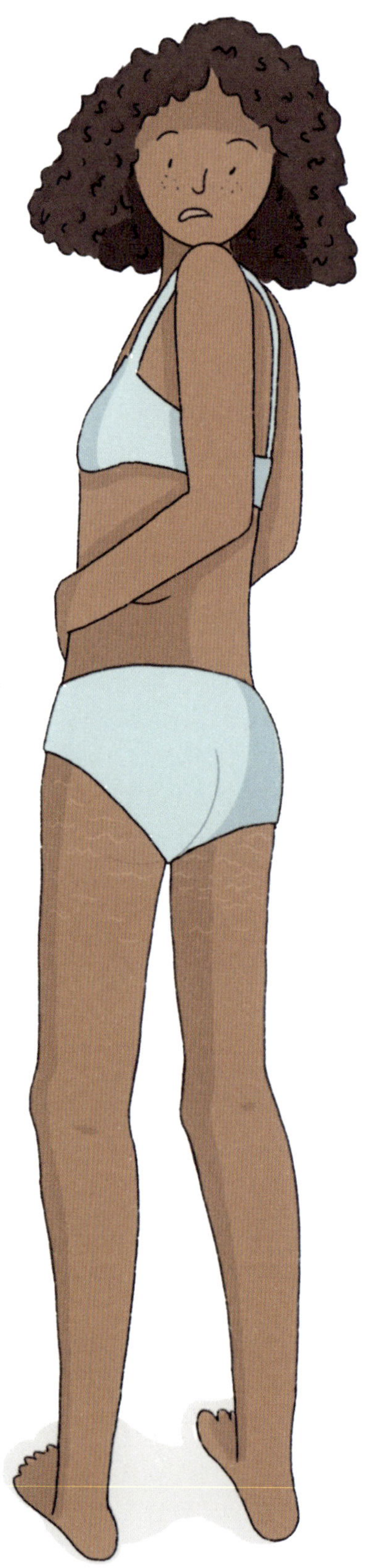

Mae'r un hormonau sy'n creu
acne yn gallu gwneud
dy wallt yn seimllyd hefyd.

Diolch yn fawr, hormonau!

Mae golchi dy wallt bob dydd neu bob yn ail
ddiwrnod yn gallu helpu i reoli gwallt seimllyd.
Mae dwsinau o siampŵau gwahanol ar gael,
ond efallai y byddi di am roi cynnig ar un sydd
wedi'i lunio'n arbennig ar gyfer gwallt seimllyd.

8. BABIS

Mae'n bosib iawn bod y syniad o gael babis yn un BONCYRS i ti ar hyn o bryd. Efallai does gen ti *ddim diddordeb* mewn babis (maen nhw'n gallu bod yn bethau digon diflas), ond mae'n bwysig dy fod yn deall y corff a sut mae babis yn cael eu creu.

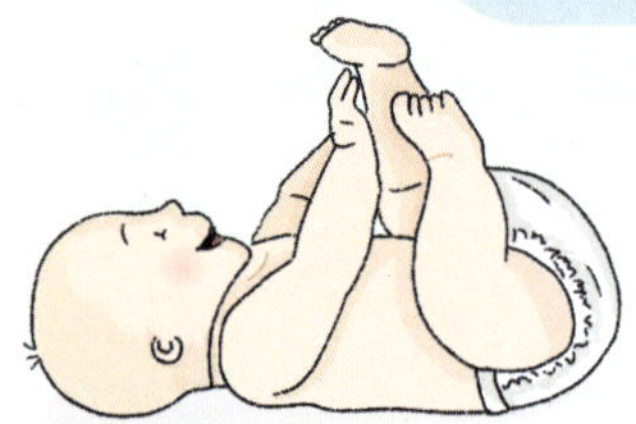

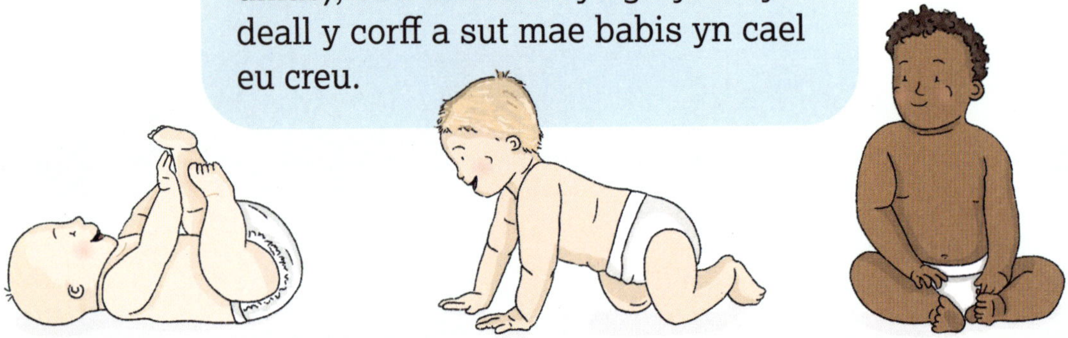

Sut mae creu babi?

Wel, mae pob babi yn dechrau fel wy a sberm.

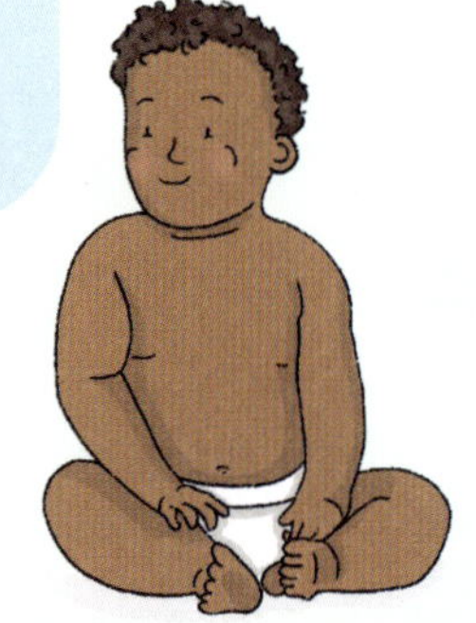

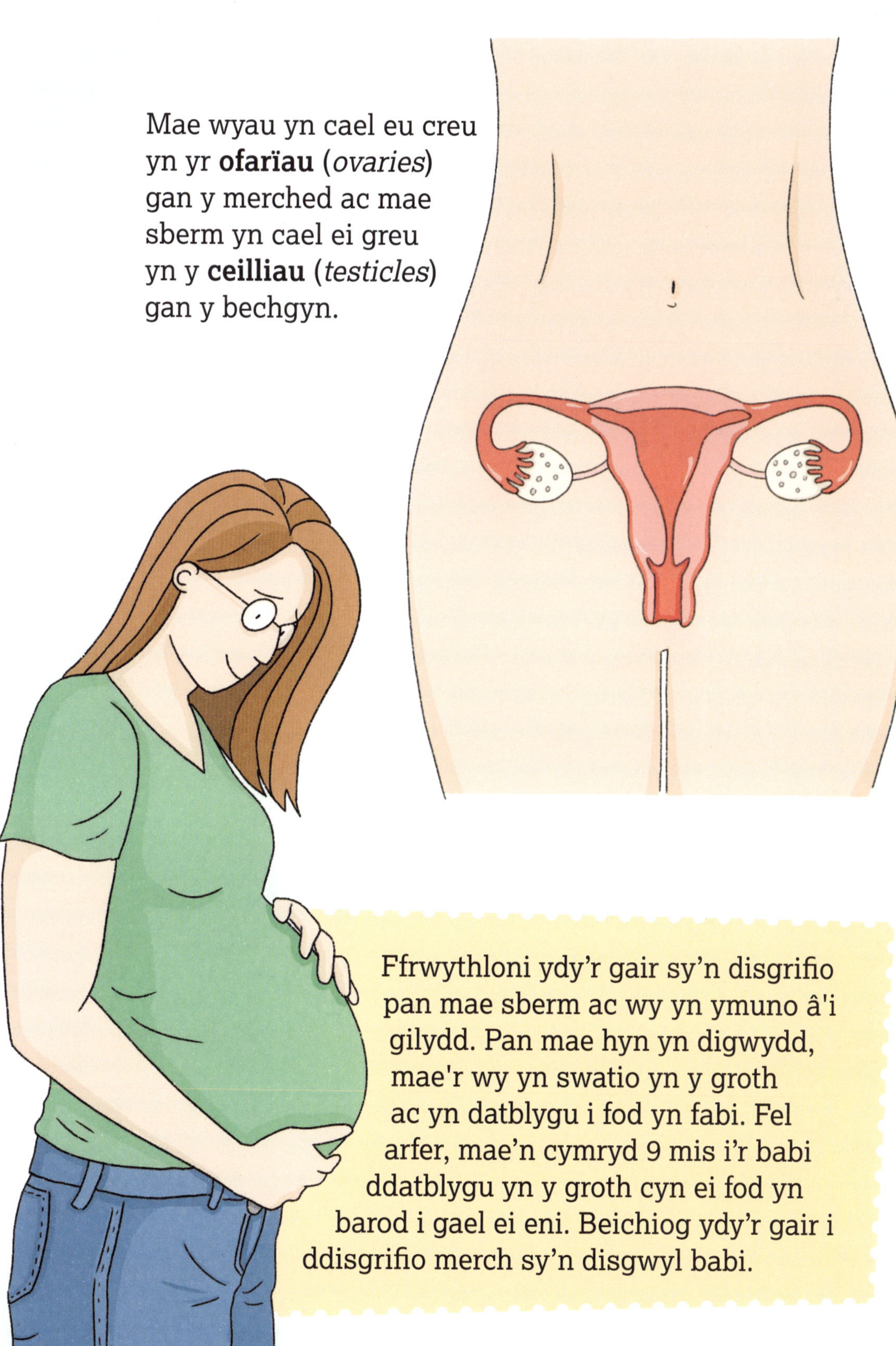

Mae wyau yn cael eu creu yn yr **ofarïau** (*ovaries*) gan y merched ac mae sberm yn cael ei greu yn y **ceilliau** (*testicles*) gan y bechgyn.

Ffrwythloni ydy'r gair sy'n disgrifio pan mae sberm ac wy yn ymuno â'i gilydd. Pan mae hyn yn digwydd, mae'r wy yn swatio yn y groth ac yn datblygu i fod yn fabi. Fel arfer, mae'n cymryd 9 mis i'r babi ddatblygu yn y groth cyn ei fod yn barod i gael ei eni. Beichiog ydy'r gair i ddisgrifio merch sy'n disgwyl babi.

Mae babis yn gallu cael eu geni gartref neu yn yr ysbyty.
Pan mae'r babi'n barod, mae'r ferch yn gwthio'r babi allan
o'i **fagina.** Weithiau, mae angen llawdriniaeth i eni babi.
Caesarean ydy'r enw am y llawdriniaeth yma.

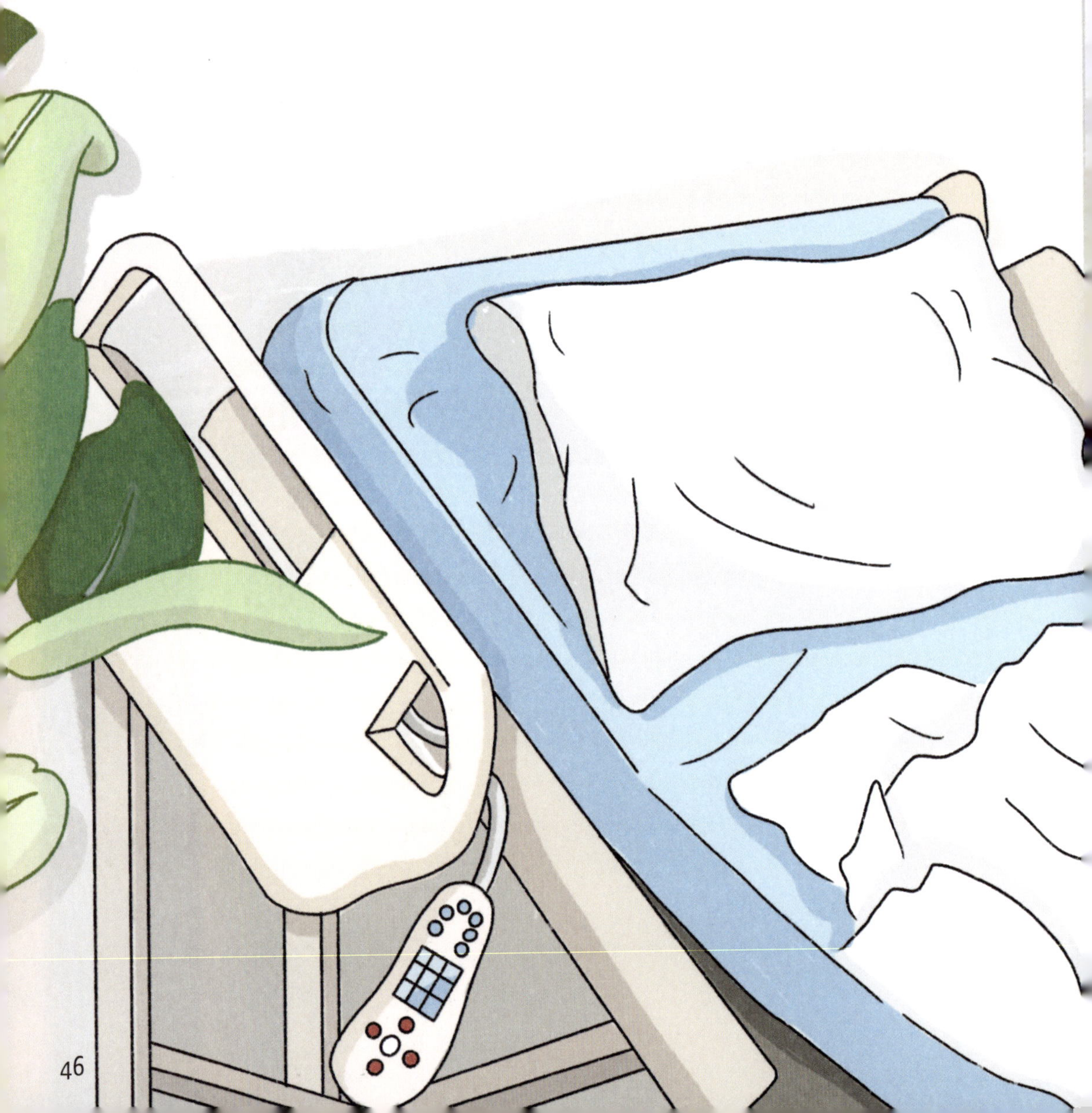

Merch

Rhyw

Dydy pawb ddim yn teimlo'n gyfforddus i siarad am ryw
(*sex*). Weithiau, mae gan bobl ormod o gywilydd i drafod y
peth, er ei fod yn rhywbeth hollol naturiol rhwng oedolion
sydd eisiau rhyw ac sy'n caru ac yn parchu ei gilydd.

Pan mae dau oedolyn yn cael rhyw, mae'r pidyn (*penis*) yn
mynd tu mewn i'r fagina. Dyma sut mae sberm yn cyrraedd
yr wy a'r ddau yn ymuno â'i gilydd.

Pan dydy oedolion ddim eisiau cael babi, maen nhw'n gallu
defnyddio pethau sy'n stopio'r sberm rhag ymuno â'r wy,
neu sy'n stopio'r wy rhag cael ei ffrwythloni. **Atal cenhedlu**
ydy'r term am hyn.

Mae rhyw yn rhywbeth normal a naturiol rhwng oedolion –
wir yr! Dyma un ffordd mae oedolion yn dangos eu bod
yn caru ei gilydd. Does dim angen i ti boeni am y peth tan
rwyt ti'n barod i ddysgu mwy amdano. Mi fydd rhyw yn
gwneud mwy o synnwyr i ti ar ôl i ti dyfu i fyny.

Os oes gen ti gwestiynau, beth am ofyn i riant neu oedolyn
cyfrifol? Gyda llaw, mae mwy am oedolion cyfrifol ar
dudalen 87.

Mae teuluoedd o bob math i'w cael:

* mam a dad

* un rhiant yn unig

* dwy fam

* dau dad

* rhieni sy'n byw ar wahân
  mewn dau gartref gwahanol

* teuluoedd â gofalwyr yn hytrach na rhieni

* plant sydd wedi cael eu *maethu* neu eu
  mabwysiadu

* rhai teuluoedd â llawer o blant,
  ac eraill efo un yn unig; mae rhai
  teuluoedd heb blant o gwbl

9. Y MISLIF

Mae dechrau'r mislif yn gallu teimlo fel **DIGWYDDIAD MAWR A PHWYSIG**.

Ond, yn bwysicach na dim, mae'n rhan naturiol o fywyd a does dim angen teimlo cywilydd wrth siarad amdano.

Cyn dechrau dysgu am y mislif, mae'n bwysig dy fod yn deall beth ydy'r enw am yr hyn a'r llall sydd gen ti yn dy nicyrs. Mi faset ti'n synnu faint o bobl sydd *ddim yn gwybod*! Ddylai'r rhan yma o'r corff ddim bod yn ddirgelwch i ti.

Dyma lun i dy helpu:

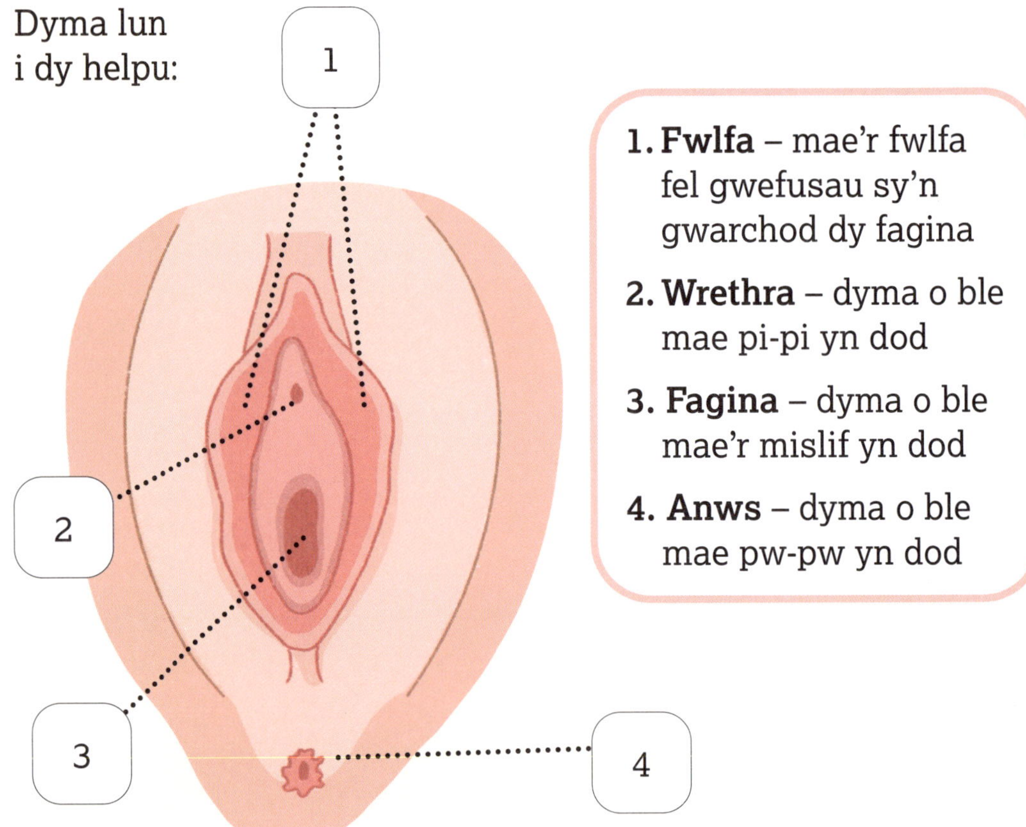

1. **Fwlfa** – mae'r fwlfa fel gwefusau sy'n gwarchod dy fagina

2. **Wrethra** – dyma o ble mae pi-pi yn dod

3. **Fagina** – dyma o ble mae'r mislif yn dod

4. **Anws** – dyma o ble mae pw-pw yn dod

Bydd yn digwydd unwaith y mis ac yn para
rhwng 3 a 7 diwrnod fe arfer. *Pam?* Wel...

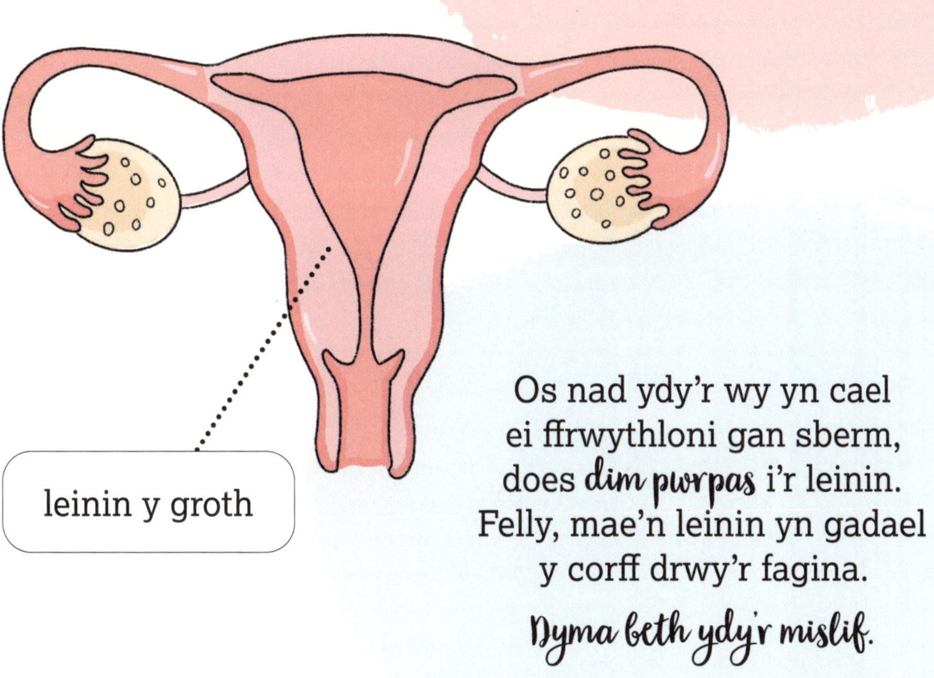

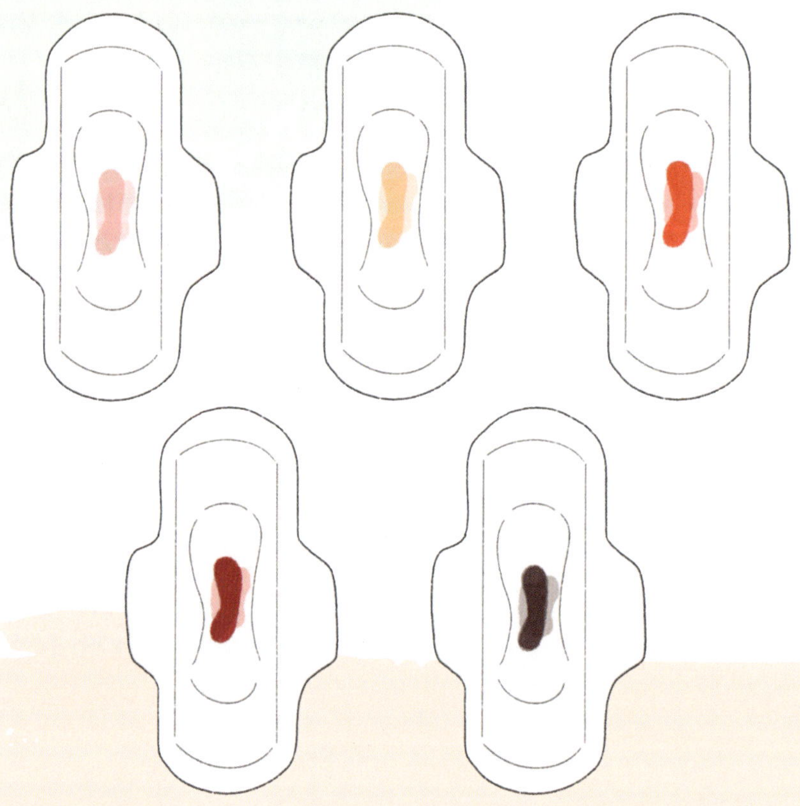

Weithiau, mi gei di ddiwrnodau pan fydd y **llif**
(*flow*) yn ysgafn. Dro arall, mi fydd yn ymddangos
yn drwm. Weithiau, mi fydd y llif yn edrych fel
ychydig o ddŵr pinc. Dro arall, mi fydd yn edrych
yn frown ac yn drwchus. Paid â phoeni. Mae hyn yn
normal. Beth sy'n bwysig ydy dy fod yn defnyddio
cynnyrch mislif sy'n addas ar gyfer y llif.

Cynnyrch mislif

Mae **padiau** yn hawdd iawn i'w defnyddio ac mae amrywiaeth gwych ohonyn nhw ar gael. Mae'n bosib iawn mai dyma fyddi di'n ddefnyddio pan fyddi di'n cael dy fislif am y blynyddoedd cyntaf. Rhaid gosod pad tu mewn i'r nicyrs i amsugno llif y gwaed, a dyna ni! Mae stribyn ar gefn y pad sy'n glynu wrth ddefnydd y nicyrs er mwyn ei gadw yn ei le. Mae padiau o wahanol drwch a maint ar gael. Rhai hir a thrwchus pan mae'r llif yn drwm, a rhai tenau a byr pan mae'r llif yn ysgafn. Mae angen cofio *newid padiau'n aml*, gan eu rhoi mewn bin pwrpasol, a hynny rhag ofn i'r gwaed socian drwy'r pad ac ymddangos ar ddillad.

Mae cynnyrch mislif eraill ar gael hefyd.

Mae **padiau cotwm** sy'n gallu cael eu defnyddio sawl tro yn opsiwn. Dydy'r padiau yma *ddim* yn mynd i'r bin. Maen nhw'n mynd i'r peiriant golchi dillad er mwyn eu *golchi* a'u *defnyddio eto.*

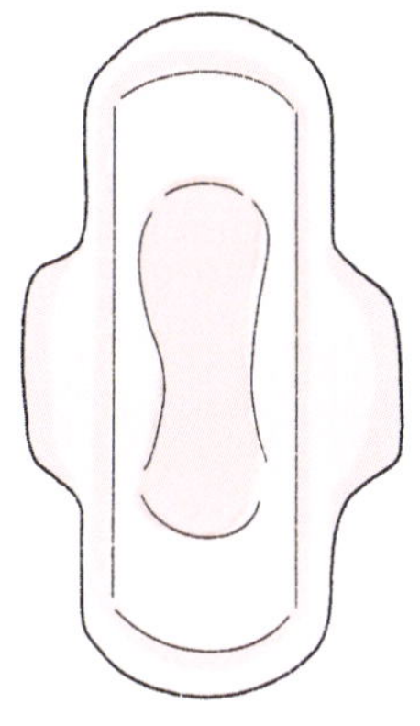

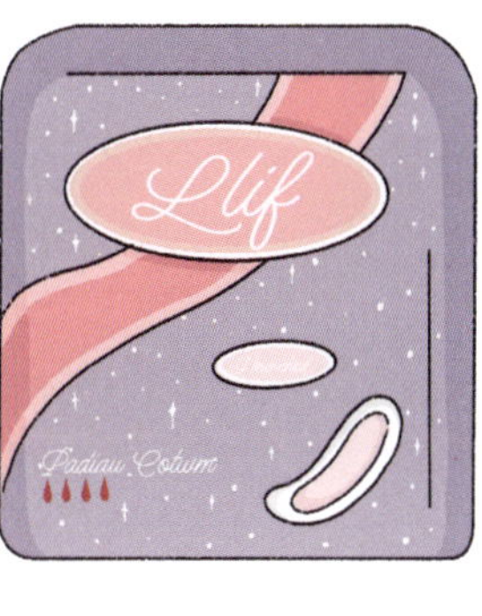

Mae **nicyrs mislif** hefyd ar gael. Mae'r nicyrs yma'n edrych fel nicyrs cyffredin, ond maen nhw wedi eu gwneud o ddefnydd sy'n amsugno llif y gwaed. Mae'n bosib gwisgo nicyrs mislif yn unig gan eu newid yn ystod y dydd, neu eu gwisgo o dan nicyrs cyffredin. Fel padiau cotwm, mae nicyrs mislif yn mynd i'r peiriant golchi dillad er mwyn eu *defnyddio eto.*

Mae'n well gan rai merched ddefnyddio **tamponau**, yn arbennig os ydyn nhw eisiau *dal ati* i wneud gweithgareddau corfforol neu chwaraeon, fel nofio. Dydy hi ddim yn bosib gwisgo pad tu mewn i wisg nofio! Mae tampon fel darn o wlân cotwm cryf gyda chortyn bach fel cynffon. Mae'r tampon yn mynd tu mewn i'r fagina i amsugno'r llif. Dydy merched ddim yn teimlo'r tampon unwaith mae o yn ei le.

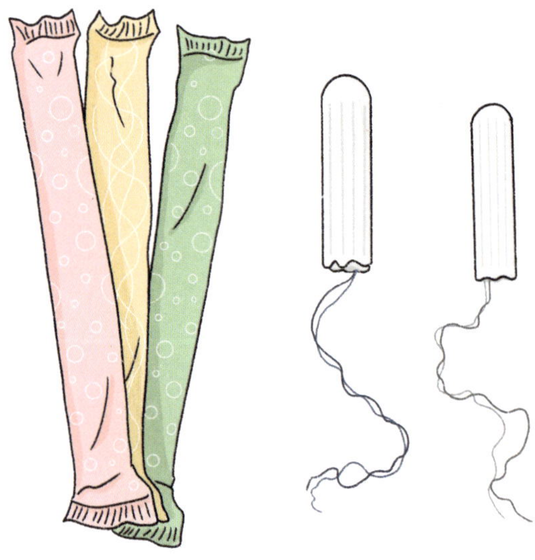

Mae **cwpan mislif** yn gweithio'n debyg iawn i dampon, *ond* bod y cwpan mislif yn *casglu*'r llif. Mae'r gwaed yna'n cael ei arllwys o'r cwpan i'r toiled, ei olchi, a'i *ddefnyddio eto*.

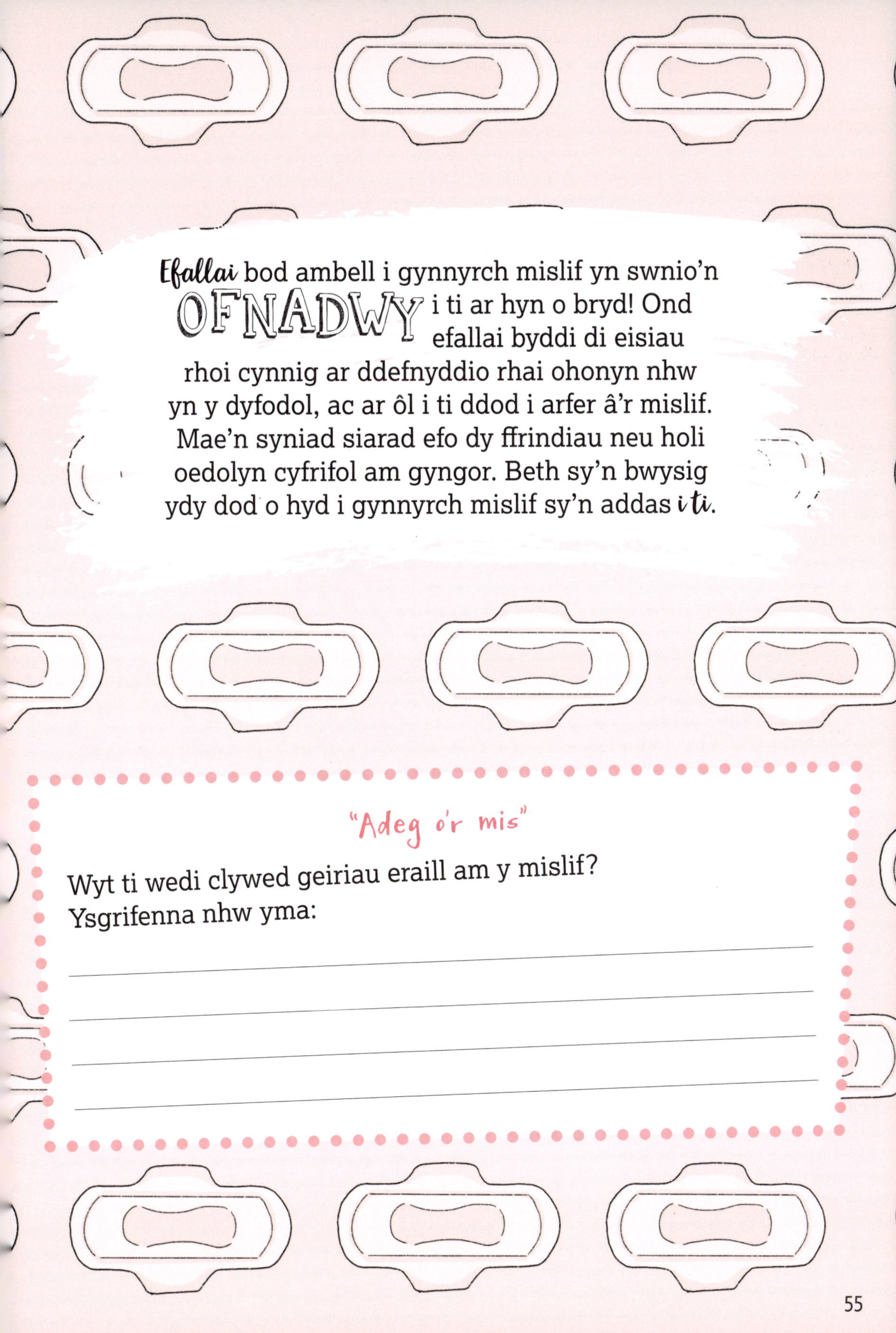

Efallai bod ambell i gynnyrch mislif yn swnio'n **OFNADWY** i ti ar hyn o bryd! Ond efallai byddi di eisiau rhoi cynnig ar ddefnyddio rhai ohonyn nhw yn y dyfodol, ac ar ôl i ti ddod i arfer â'r mislif. Mae'n syniad siarad efo dy ffrindiau neu holi oedolyn cyfrifol am gyngor. Beth sy'n bwysig ydy dod o hyd i gynnyrch mislif sy'n addas *i ti*.

"Adeg o'r mis"

Wyt ti wedi clywed geiriau eraill am y mislif?
Ysgrifenna nhw yma:

____

____

____

____

Poenau mislif

Dydy pob merch ddim yn cael poenau mislif. Ond mae cael crampiau stumog (poen bol) a phoen cefn yn rhywbeth cyffredin iawn, yn anffodus!

Rwyt ti'n gallu cael symptomau eraill hefyd, fel sbotiau, bronnau poenus neu gur pen. Mae'r poenau'n gallu dechrau ychydig ddyddiau cyn i ti gael dy fislif, ond fel arfer mae'n lleddfu ychydig ddyddiau ar ôl i'r mislif ddechrau.

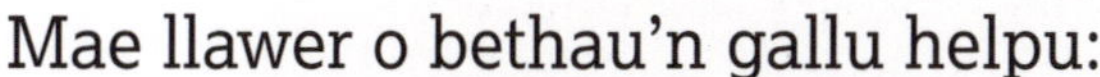

Mae llawer o bethau'n gallu helpu:

* Defnyddio potel dŵr poeth

* Cael bath neu gawod cynnes

* Gwneud (ychydig) o ymarfer corff; dim byd anodd – mynd am dro, neu beth am ychydig o ioga?

* Cymryd ffisig lladd poen; cofia, rhaid gofyn i riant neu ofalwr cyn cymryd meddyginiaeth

Pan rwyt ti ar fin dechrau dy fislif, mae'r newid yn yr hormonau yn gallu gwneud i ti deimlo'n flin, yn drist ac yn ddagreuol.

Os wyt ti'n teimlo'n isel, cofia wneud rhywbeth rwyt ti'n fwynhau er mwyn codi dy galon. Mae mwy o syniadau ym mhennod **Deall sut dwi'n teimlo** hefyd. Mae'n bwysig bod yn garedig efo ti dy hun.

Mae hyn yn normal, diolch i'r hormonau (eto fyth!). **Rhedlif** (*discharge*) ydy'r enw ar y stwff yma sy'n helpu i gadw'r fagina'n iach.

Os ydy o'n gwneud i ti gosi, yn drewi'n gryf, neu'n newid lliw (brown, llwyd neu wyrdd), efallai bydd angen mynd at y meddyg rhag ofn bod gen ti haint.

Dy fislif cyntaf

Mae'n syniad da paratoi ar gyfer dy fislif cyntaf. Beth am gael bag bach yn cynnwys pethau defnyddiol fel cynnyrch mislif a hylif golchi dwylo? Mae'n ddefnyddiol cario'r bag bach efo ti yn dy fag ysgol, rhag ofn. Mae cynnyrch mislif ar gael am ddim mewn ysgolion, yn ogystal â rhai llyfrgelloedd a chanolfannau hamdden. Os byddi di angen cynnyrch mislif, cofia ofyn i athro neu athrawes, aelod o staff yr ysgol neu oedolyn cyfrifol. Does dim angen teimlo cywilydd am ofyn!

Efallai na fydd dy fislif cyntaf yn para'n hir iawn.
Mae'n bosib bydd yn ymddangos fel smotiau
bychain iawn o waed am y misoedd cyntaf. Mae'n
gallu cymryd amser i'r corff setlo. Fel arfer, mae
merched yn cael mislif unwaith bob 28 diwrnod.
Cylchred mislif ydy'r enw am y cyfnod yma. Mae
cylchred mislif rhai merched yn llai/yn fwy na
28 diwrnod. Mae'r cylchred yn dechrau ar ddiwrnod
cyntaf y mislif. Yna, mae'n bosib cyfrif ymlaen tua
28 diwrnod i weld pryd fydd dy fislif nesaf. Wedyn,
mi fyddi di'n barod amdano!

Rwyt ti'n **UNIGRYW**. Does neb yn y byd yn union fel ti, ac mi fuasai'n *ddiflas* tasai pawb yr un peth. Ond weithiau dydyn ni ddim eisiau edrych yn wahanol i'n ffrindiau neu i'r bobl eraill o'n cwmpas. Oherwydd hyn, mae'r arddegau'n gallu bod yn gyfnod anodd i deimlo'n hyderus am bethau a sut rydyn ni'n edrych.

Hunan-barch ydy'r gair i ddisgrifio sut rydyn ni'n meddwl ac yn teimlo amdanon ni'n hunain. Mae'n bwysig dy fod yn dysgu sut i ddatblygu hunan-barch er mwyn dy helpu i ddod yn oedolyn hyderus sydd â theimladau positif amdanat ti dy hun.

Mae *teimlo'n bositif* yn dy helpu i *wneud pethau positif*.

Yn ystod yr arddegau, mae'n rhywbeth cyffredin iawn i edrych yn y drych a theimlo – yyych!

Dwi'n rhy dew/yn rhy denau.
Mae fy nghroen i'n rhy seimllyd.
Dwi'n rhy dal/ yn rhy fyr.
Mae fy mronnau i'n rhy fawr/ yn rhy fach.
Os wyt ti'n teimlo fel hyn o dro i dro, mae un peth yn bendant – mae sut rwyt ti'n MEDDWL rwyt ti'n edrych yn llawer iawn gwaeth na sut rwyt ti'n edrych GO IAWN. Wir rŵan!
Cofia hefyd, mi fyddi di'n edrych yn wahanol eto erbyn i dy gorff orffen datblygu.

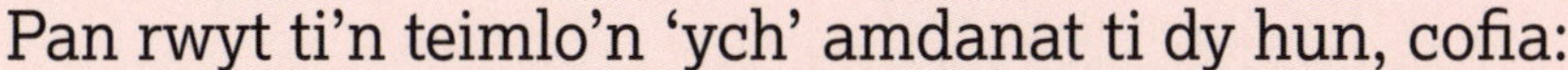

Pan rwyt ti'n teimlo'n 'ych' amdanat ti dy hun, cofia:

* mae pawb yn wahanol, felly paid â gwastraffu amser yn cymharu dy hun ag eraill

* siarad efo rhywun, gan rannu sut rwyt ti'n teimlo

* treulio amser yng nghwmni ffrindiau, teulu a phobl sy'n gwneud i ti deimlo'n dda amdanat ti dy hun

* anwybyddu lluniau pobl enwog ar y cyfryngau cymdeithasol, mewn fideos, ac ati (dydyn nhw ddim yn edrych felly go iawn!); diolch i golur, *filters*, a phob math o bethau eraill, maen nhw'n medru addasu eu hedrychiad er mwyn ymddangos yn 'berffaith' ar-lein

* rhoi cynnig ar bethau newydd, gan beidio â chredu (am eiliad) y dylai sut rwyt ti'n edrych dy stopio rhag mwynhau

* addurno dy hun efo pethau sy'n dy wneud di'n hapus ac sy'n dangos dy bersonoliaeth; (Hoffi piws? Cer amdani! Gwisga biws bob dydd! Dillad chwaraeon – pam lai? Crysau-t hen fandiau, gemwaith ail law, colur llygaid o liwiau'r hydref…) mae'n hwyl arbrofi er mwyn dod o hyd i dy steil

Pan mae rhywun yn tynnu sylw at sut rydyn ni'n edrych, mae'n gallu gwneud i ni deimlo'n annifyr iawn. Jôc neu beidio, os wyt ti'n credu bod y sylw'n anaddas, mae'n arwydd da o'r ffaith dy fod yn ymwybodol o dy deimladau a dy ffiniau. Weithiau, mae pobl tua'r un oed â ti yn gallu dweud pethau sy'n tynnu sylw at dy gorff. Os oes rhywun yn gwneud i ti deimlo'n anghyfforddus, does dim rhaid i ti wrando'n dawel arnyn nhw. Mae'n bwysig dy fod yn gofyn am help ac yn trafod y peth efo oedolyn cyfrifol.

Wyt ti'n cofio'r geiriau ar ddechrau'r llyfr? Mae mwy i ferch na'i chorff a sut mae hi'n edrych. Gwir bob gair!

Beth ydy 'del', beth bynnag? Wrth gwrs, mae beth mae pobl yn ei feddwl sy'n ddel wedi newid llawer dros y canrifoedd.

Roedd sbotiau'n ffasiynol ers talwm!

Roedd gwisgo sbotyn du o'r enw *mouche* yn boblogaidd iawn yn yr 16eg ganrif. Roedd pobl gyfoethog yn gosod y sbotiau duon ar rannau gwahanol o'r corff. Gorau po fwyaf!

Pan rwyt ti'n teimlo'n ansicr am dy edrychiad, canolbwyntia ar y pethau positif. Edrycha eto ar y rhestr o eiriau wnest ti lunio ar dudalen 6.

Bydda'n driw i ti dy hun, gan rannu'r pethau gwych sy'n dy wneud di yn ti gydag eraill.

11. DEALL SUT DWI'N TEIMLO

Mae'r arddegau'n gyfnod o *newid mawr*. Efallai dy fod yn edrych ymlaen ac yn gyffro i gyd am dyfu i fyny. Efallai bod yr holl newidiadau'n gwneud i ti deimlo'n bryderus. Mae'n bosib iawn dy fod yn teimlo tipyn bach o bob dim – *enfys o emosiynau gwahanol*! Mae hyn yn naturiol. Mae teimlo amrywiaeth o bethau, o awr i awr ac o ddydd i ddydd, yn batrwm cyffredin i ni i gyd.

Sut wyt ti'n teimlo heddiw?

Does dim teimladau 'cywir' nac 'anghywir' i'w cael. Pan rwyt ti'n drist, efallai na fyddi di eisiau siarad â neb ac am fod ar dy ben dy hun. Efallai bydd dy ffrindiau'n sylwi ac eisiau gwybod beth sy'n bod. Pan rwyt ti'n flin, efallai dy fod yn fwy pigog nag arfer. Mae'n bosib byddi di'n codi dy lais, a phwdu ag eraill. Mae sut rydyn ni'n teimlo yn cael effaith ar sut rydyn ni'n bihafio. Mae'n bwysig peidio â chuddio sut rydyn ni'n teimlo, ond mae dulliau mwy effeithiol na'i gilydd o rannu ein teimladau ag eraill.

Siarad, siarad, siarad!

Does dim i guro sgwrs efo ffrind neu oedolyn i dy helpu i ddeall dy deimladau. Gall rhannu efo aelod o'r teulu, athro/athrawes neu oedolyn rwyt ti'n ei adnabod yn dda fod o gymorth – i ti ac i eraill sy'n agos atat ti. Does dim rhaid smalio bod yn hapus drwy'r amser, na stompian yn bwdlyd o gwmpas y lle. Dim ond egluro'n syml sut rwyt ti'n teimlo, a beth fuasai'n gallu dy helpu i deimlo'n well.

Mae rhannu dy deimladau ag eraill yn ymarfer da ar gyfer delio â dy emosiynau pan fyddi di'n oedolyn.

COFIA, mae'n bwysig dy fod yn teimlo'n gyfforddus ac yn ddiogel yng nghwmni oedolyn rwyt ti'n ymddiried ynddo. Ni ddylai'r oedolyn ofyn i ti gadw cyfrinachau na gwneud i ti drafod unrhyw beth sy'n gwneud i ti deimlo'n anghyfforddus.

Mae'n naturiol meddwl am bethau fel cariadon, cusanu a rhyw yn ystod yr arddegau. Dyma'r cyfnod pan mae llawer yn dechrau datblygu teimladau newydd. Efallai byddi di'n dechrau ffansïo bachgen neu ferch rwyt ti'n adnabod ers blynyddoedd. Efallai byddi di'n dychmygu sut fuasai eu cusanu nhw'n teimlo. Mae'r dychymyg yn lle diogel i ti ddysgu am dy deimladau newydd. Mae'n bwysig nad wyt ti'n teimlo pwysau i fod yn gariad i neb, nac i gusanu neb, os nad wyt ti eisiau. Efallai na fyddi di'n ffansïo neb o gwbl, wrth gwrs. Mae hyn hefyd yn normal, felly paid â phoeni.

Weithiau, mae'n anodd gwybod pam rydyn ni'n teimlo sut rydyn ni'n teimlo. Wyt ti erioed wedi chwerthin neu grio, a hynny am ddim rheswm? Mae hyn yn digwydd i ni i gyd o bryd i'w gilydd. Dro arall, mae pethau penodol yn digwydd i ni sy'n cael effaith ar sut rydyn ni'n teimlo:

Mae'n amhosib bod yn hapus drwy'r amser, wrth gwrs. Mae pawb yn teimlo'n drist neu dan straen o dro i dro. Beth sy'n bwysig ydy adnabod beth sy'n gwneud i ni deimlo'n well pan rydyn ni'n teimlo fel hyn.

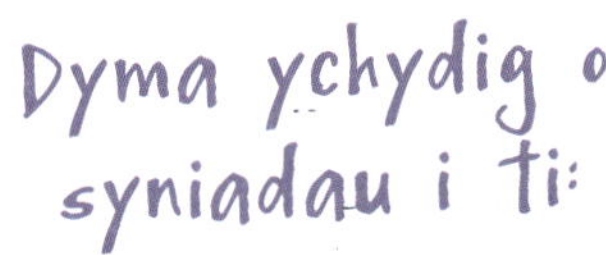

Anadlu'n ddwfn

Mae anadlu'n ddwfn yn tawelu'r meddwl a gwneud i ti deimlo'n llai pryderus. Ymlacia dy gorff. Anadla i mewn ac allan yn araf. Rho flanced neu dedi ar dy fol a'i wylio'n mynd i fyny ac i lawr wrth i ti anadlu'n ddwfn.

Nos da!

Oeddet ti'n gwybod bod angen i ti gael o leiaf 9 awr o gwsg bob nos? Mae diffyg cwsg yn gallu gwneud i ti deimlo'n flin ac yn fwy pryderus am bethau hefyd. Beth am beidio mynd â dy ffôn neu dabled (os oes gen ti un) i dy lofft, er mwyn gwneud yn siŵr nad wyt ti'n cael dy ddeffro gan sŵn dyfais yn pingio yn y nos?

Ymarfer corff

Mae gwneud ymarfer corff rwyt ti'n ei fwynhau yn wych i'r corff a'r meddwl. Does dim ots beth rwyt ti'n ei wneud – pêl-droed, marchogaeth, dawnsio'n wirion efo ffrind… – mae unrhyw weithgaredd sy'n dy gael i symud y corff a chynhyrchu'r hormon endorffin yn help!

Gwobrwyo dy hun

Rhaid gwneud rhai pethau.
Gwaith cartref. Helpu o gwmpas
y tŷ. Ymarfer offeryn. Yn hytrach
na gadael i'r pethau yma fynd
yn boen, beth am roi gwobr
i ti dy hun ar ôl eu cwblhau?
Chwarae gêm, gwylio ffilm, neu
dreulio amser efo anifail anwes?
Mae cael brêc hefyd yn bwysig.
Gwneud y pethau hynny sy'n
codi dy galon di.

Cwmni da

Efallai byddi di
eisiau bod ar dy
ben dy hun os wyt
ti'n teimlo'n drist.
Ond mae treulio
amser yng nghwmni
rhywun sy'n poeni
amdanat ti yn siŵr o
helpu, gan wneud i
ti deimlo'n well.

12. FFRINDIAU

Does dim i guro ffrind da. Mae ffrind yn gallu helpu mewn ffordd ychydig yn wahanol i oedolyn, fel rhiant neu athro. Mae ffrind tua'r un oed yn gwybod *yn iawn* sut beth ydy tyfu i fyny, ac yn gallu dy helpu i ymdopi â phethau sy'n digwydd wrth i ti ddatblygu o fod yn blentyn i fod yn oedolyn.

Mae chwerthin, mwynhau a bod yn wirion yng nghwmni ffrind yn well na dim yn y byd. Ond, yn ogystal â dy gorff, mae'n bosib bod dy berthynas â ffrind, neu grŵp o ffrindiau, yn newid ar hyn o bryd. Oes gen ti ffrind sy'n siarad am fechgyn neu ferched mae hi'n ffansïo? Efallai nad oes gen ti ddiddordeb mewn pethau felly am y tro. Neu oes gen ti ffrind sy'n swnian arnat ti i chwarae efo hi? Efallai bod y gêm yn teimlo'n blentynnaidd i ti erbyn hyn. Oes gen ti ffrind gorau ers y Dosbarth Meithrin, ond sydd bellach yn mwynhau cwmni ffrindiau eraill? Rwyt ti'n newid – ac maen nhw'n newid, hefyd. Mae'n bosib iawn nad ydych chi'n newid ac yn datblygu ar yr un pryd â'ch gilydd.

Mae ffrindiau da:

* yn glên
* yn barod i wrando
* yn dangos diddordeb yn y pethau sy'n bwysig i ti
* yn ffyddlon
* yn chwerthin efo ti

Dydy ffrindiau da ddim:

* yn dweud pethau cas amdanat ti
* yn chwerthin am dy ben di
* yn dy feirniadu di
* yn rhoi pwysau arnat ti i wneud pethau dwyt ti ddim eisiau eu gwneud
* yn dy stopio di rhag gwneud ffrindiau newydd

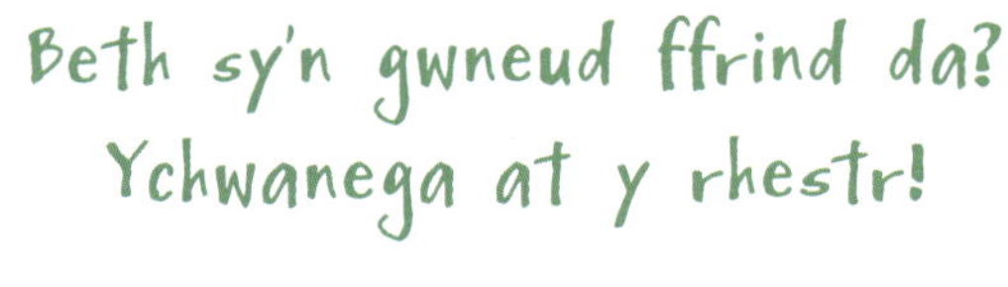

Er mwyn bod yn ffrind da, mae'n bwysig dy fod di'n cadw at y rhestr uchod hefyd. Does dim yn fwy diflas na chriw o 'ffrindiau' sy'n *ffraeo* drwy'r adeg. Mi ddylet ti allu *dibynnu* ar dy ffrindiau, ac mi ddylen nhw allu dibynnu arnat ti. Dydy ffrind da ddim yn glên heddiw, cyn troi'n gas fory. Os wyt ti'n teimlo'n anhapus yng nghwmni dy ffrindiau, efallai ei bod hi'n amser i ti ddod â'r cyfeillgarwch i ben. Cerdded i ffwrdd, er bod hynny'n siŵr o godi ofn arnat ti. *Cofia dy werth*.

Ffrindiau newydd

Wrth i ti gael profiadau newydd – symud ysgol, dechrau yn yr ysgol uwchradd, ymuno â chlwb – mi fyddi di'n cael cyfle i gyfarfod â nifer o wynebau newydd. Dyma gyfle i wneud ffrindiau newydd. Os wyt ti'n berson tawel neu swil, efallai dy fod yn poeni am gyfarfod pobl newydd. Mae hyn yn naturiol. Mae pawb yn teimlo ychydig yn nerfus pan maen nhw'n cyfarfod pobl newydd – hyd yn oed os ydyn nhw'n ymddangos yn hollol hyderus!

Anwybydda'r llais bach yn dy ben sy'n gwneud i ti boeni am beth mae pobl yn ei feddwl ohonot ti. Yn hytrach, canolbwyntia ar y person rwyt ti am ddechrau sgwrs efo nhw. Dechreua'r sgwrs gan ddweud rhywbeth clên wrthyn nhw.

Gwena – hyd yn oed os dwyt ti ddim yn teimlo fel gwenu. Mae pobl yn llawer mwy tebygol o siarad â ti os wyt ti'n gwenu yn hytrach na gwgu.

Cofia ddangos diddordeb pan mae rhywun yn siarad â ti. Gofynna gwestiynau. Pwy a ŵyr – efallai byddwch chi'n hoffi llawer o'r un pethau.

Cofia gyflwyno dy 'hen' ffrindiau i dy ffrindiau newydd. Dyma'r ffordd orau (a hawsaf!) i wneud llawer o ffrindiau newydd.

Bwlio

Mae'n brofiad *ofnadwy* cael dy fwlio gan eraill. Os wyt ti'n cael dy fwlio yn yr ysgol, ar-lein, neu dros y ffôn, mae'n bwysig dy fod yn dweud wrth rywun. Dwi'n siŵr bod gen ti gant a mil o wahanol resymau pam *nad wyt ti eisiau dweud* wrth rywun:

OND os oes rhywun yn pigo arnat ti, dyma'r ffordd orau i ddelio gyda'r bwlio.

Er dy fod yn siŵr o deimlo'n unig, mae'n bwysig i ti ddeall nad wyt ti ar dy ben dy hun. Mi fydd gan yr ysgol bolisi gwrth-fwlio, felly mae'n bwysig dy fod yn rhoi gwybod i athro neu athrawes. Os dwyt ti ddim yn siŵr sut i siarad â rhywun yn yr ysgol am y peth, beth am siarad â rhiant, neu oedolyn sy'n gofalu amdanat ti?

Wrth i ti ddatblygu, mae'n naturiol dy fod yn teimlo'r angen *am fwy o breifatrwydd*. Dyma'r cyfnod pan rwyt ti'n datblygu o fod yn blentyn i fod yn oedolyn, ac mae dewis beth rwyt ti'n ei rannu ag eraill yn dy helpu i ddatblygu'n oedolyn annibynnol.

Cura'r drws 'na!

Wyt ti wedi rhuthro i ystafell wely brawd neu chwaer fawr, a chael coblyn o ffrae am nad oeddet ti wedi curo'r drws yn gyntaf?

Wel, mae gennym ni i gyd ein **FFINIAU**, sy'n ein gwahanu ni oddi wrth eraill. Does dim o'i le (nac yn *ddigywilydd!*) ar fod eisiau mwy o breifatrwydd neu amser ar ein pen ein hunain o dro i dro.

Efallai dy fod yn teimlo nad wyt ti eisiau gwisgo neu ymolchi o flaen eraill, ac am gadw drws dy lofft neu'r ystafell ymolchi ar gau pan rwyt ti'n newid. Eglura dy ddymuniad (yn glên 😉) wrth aelodau eraill o'r teulu.

Mae'n bosib bydd angen eu *hatgoffa* o'r ffaith dy fod yn tyfu i fyny a ddim eisiau cwmni chwaer, brawd, ci na chath pan rwyt ti'n trio cael cawod!

Defnyddio technoleg a theimlo'n ddiogel

Chwarae gemau, gwylio fideos, siarad efo ffrindiau… mae llawer o bethau **gwych** am dechnoleg, ond mae **preifatrwydd** a **ffiniau** yn bethau i'w cadw mewn cof pan rydyn ni'n defnyddio technoleg hefyd.

Rhaid i ti fod yn 13 oed cyn cael cyfrif ar y cyfryngau cymdeithasol.

Pan rwyt ti ar-lein, mae'n **BWYSIG** dy fod yn gofyn *tri chwestiwn* i ti dy hun:

1. Beth dwi'n ei ddweud?
2. Beth dwi'n ei rannu ag eraill?
3. Efo pwy dwi'n siarad?

Diffodda fo!

Does dim rhaid ateb pob neges, rhannu pob llun, nac ymateb i bob *ping* sy'n cyrraedd dy ddyfais di! Mae'n iach cael brêc a diffodd y sgrin o dro o dro.

1. Beth dwi'n ei ddweud?

Mae'r we'n *wych* er mwyn *rhannu* profiadau, lluniau a diddordebau. Ond mae'n bwysig cofio unwaith rwyt ti'n postio rhywbeth, fedri di ddim rheoli pwy sy'n gallu ei weld a'i rannu ag eraill. Cyn postio unrhyw sylw neu rannu llun ar-lein, meddylia. Faset ti'n hapus tasai dy rieni/gofalwyr, ffrindiau neu athrawon yn ei weld? Os ddim, **paid â'i rannu**.

Mae angen cymryd *pwyll* pan rwyt ti'n sgwrsio ar-lein neu'n anfon neges ar y ffôn. Weithiau mae'n haws teipio rhywbeth na'i ddweud wyneb yn wyneb, yn enwedig pan rydyn ni'n teimlo'n flin ac eisiau bwrw bol! Os wyt ti am deipio neges am rywun arall, beth am i ti ddarllen y neges yn uchel cyn ei hanfon? Ydy'r geiriau'n swnio'n gas? Os felly, paid ag anfon y neges.

2. Beth dwi'n ei rannu ag eraill?

Cyfeiriad cartref, rhif ffôn, enw llawn, enw'r ysgol, dyddiad geni, cyfrineiriau… dyma dy fanylion personol di.

PERSONOL i ti!

Mae'n bwysig dy fod yn cadw'r wybodaeth yma'n bersonol, gan beidio â'u rhannu efo neb ar-lein.

3. Efo pwy dwi'n siarad?

Mae'n grêt defnyddio'r we i gadw mewn cysylltiad â ffrindiau. Ond mae'n bwysig bod yn ofalus efo 'ffrindiau' mae rhywun yn eu gwneud ar-lein. Tybed ydyn nhw'n dweud y gwir am bwy ydyn nhw go iawn? Neu ydyn nhw'n dweud celwydd neu'n twyllo?
Yn anffodus, weithiau mae oedolyn yn gallu smalio bod yn blentyn ar-lein, a hynny er mwyn brifo plentyn go iawn. Os ydy'r 'ffrind' ar-lein yn gwneud i ti deimlo'n anghyfforddus, yn gofyn i ti rannu pethau personol neu eisiau cyfarfod efo ti, mae'n bwysig dy fod yn dweud wrth oedolyn cyfrifol.

Beth ydy 'oedolyn cyfrifol'?

Oedolyn rwyt ti'n gallu ymddiried ynddo a chynnig help i ti os wyt ti'n poeni am rywbeth ydy oedolyn cyfrifol. Mae oedolyn cyfrifol yn gallu bod yn rhiant neu'n oedolyn arall yn y teulu, yr ysgol neu'r gwasanaethau cymorth.

Does dim o'i le ar rannu cyfrinach neu broblem efo oedolyn cyfrifol, cofia. Nid achwyn na bod yn boen fyddi di. Rydyn ni i gyd angen help ambell waith!

Y corff a theimlo'n ddiogel

Mae dy nicyrs yn cadw dy 'fannau preifat' *yn breifat*! Ni ddylai neb ofyn i weld na chyffwrdd o dan dy ddillad isaf. Weithiau, efallai bydd rhaid i ti ddangos i ddoctor, nyrs neu aelod o'r teulu os wyt ti'n poeni am dy gorff neu angen triniaeth feddygol.

Ti sydd piau dy gorff. Ni ddylai neb dy orfodi i wneud pethau sy'n gwneud i ti deimlo'n annifyr neu'n anghyfforddus. Os bydd rhywun yn ceisio gweld neu gyffwrdd â ti o dan dy ddillad isaf, cofia ddweud 'NA' - a dyweda wrth oedolyn cyfrifol.

14. BETH AM Y BECHGYN?

Beth amdanyn nhw?

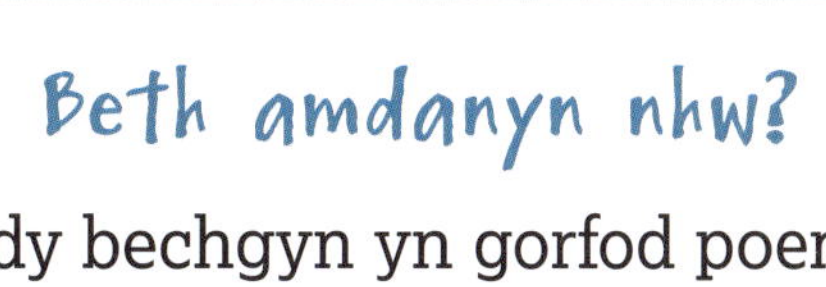

Wel, er nad ydy bechgyn yn gorfod poeni am y mislif, mae'r arddegau yn gallu bod yn gyfnod **heriol** iddyn nhw hefyd. Fel arfer, mae cyrff bechgyn yn dechrau datblygu ar ôl cyrff merched. Ar gyfartaledd, mae'r cyfnod yn dechrau pan maen nhw tua 11 oed. Oes 'na fechgyn yn yr un flwyddyn ysgol â ti sy'n fyrrach na'r merched? Dyma pam. Mae'n bwysig cofio bod cyrff rhai bechgyn yn dechrau datblygu pan maen nhw'n iau, tra bod eraill yn dechrau pan maen nhw'n hŷn. Does **dim ots** nac **unrhyw frys**. Mae corff pawb â'i amserlen ei hun!

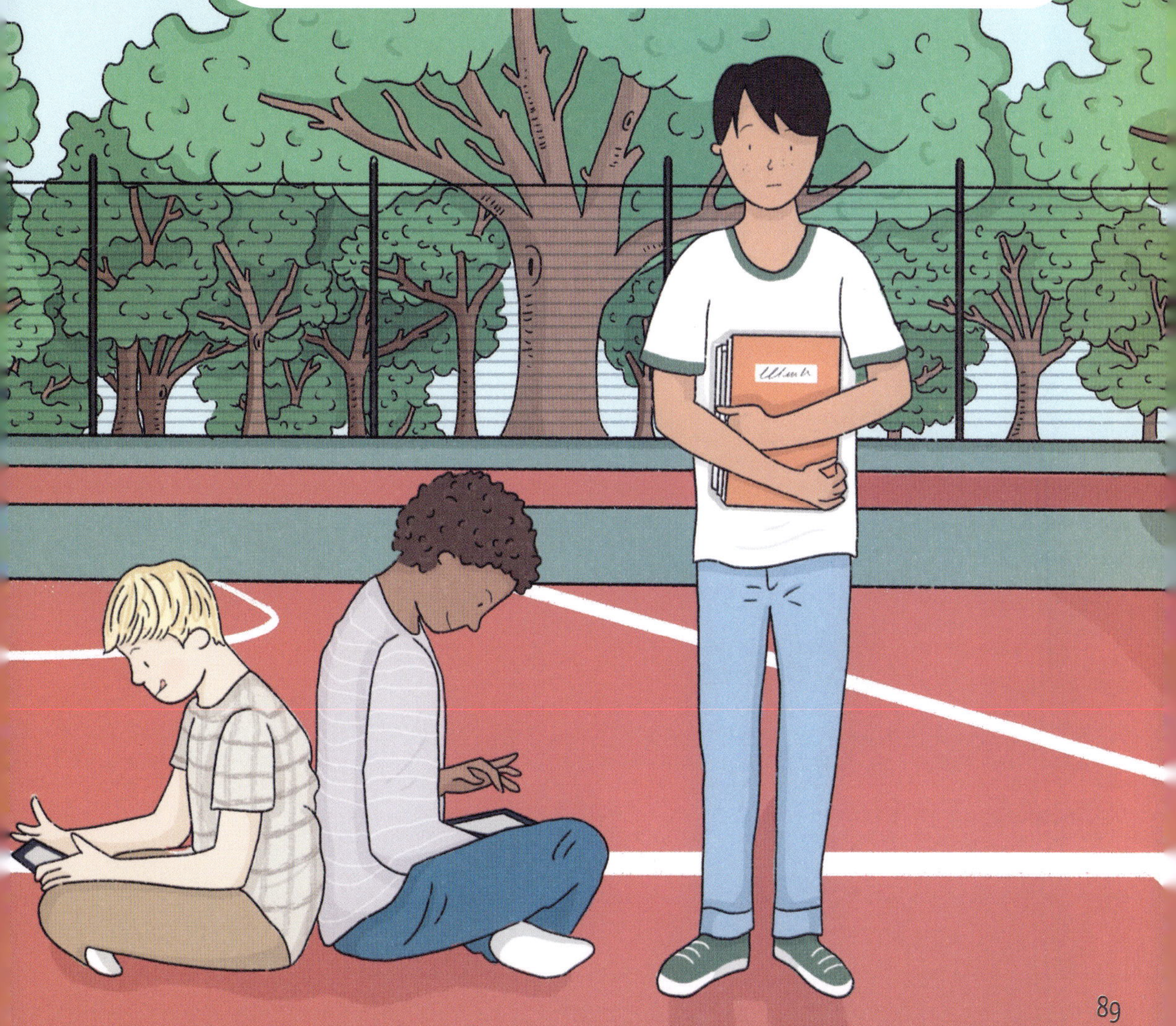

Mae cyrff merched a bechgyn yn cynhyrchu'r **un hormonau** â'i gilydd, **ond** mae bechgyn yn tueddu i gynhyrchu mwy o'r grŵp o hormonau sy'n cael eu galw'n **androgenau**. Dyma'r hormonau sy'n gofalu am dyfiant blew, a dyma pam mae gan rai bechgyn fwy o flew na merched, ac yn arbennig ar yr wyneb a'r frest. Mae **testosteron** yn perthyn i'r grŵp yma o hormonau. Mae testosteron yn wych am helpu i ddatblygu cyhyrau ac esgyrn iach, ond mae o hefyd yn gallu achosi sbotiau! Dyma pam mae rhai bechgyn yn gallu cael *llawer mwy* o sbotiau na merched.

Fel merched, rhaid i fechgyn ddysgu sut i ymdopi â:

* Blew
* Sbotiau
* Croen a gwallt seimllyd

* Chwysu
* Emosiynau a theimladau newydd

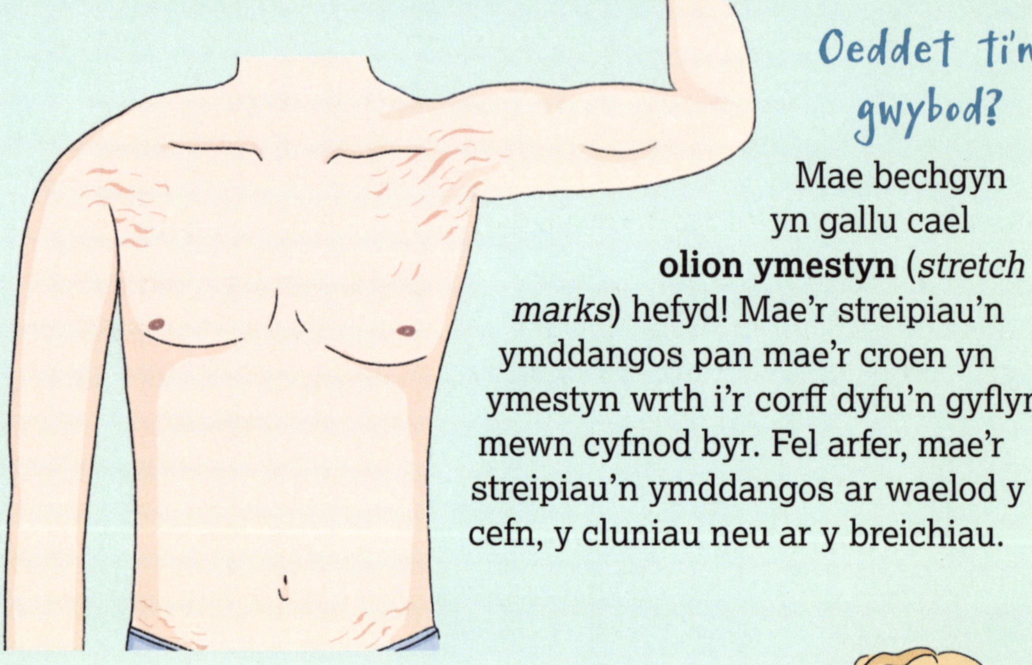

Yn wahanol i ferched, mae pethau eraill yn digwydd pan mae cyrff bechgyn yn datblygu yn ystod yr arddegau:

Mi fydd eu lleisiau'n newid

Mi fydd lleisiau bechgyn yn 'torri', gan swnio'n ddyfnach. Mae lleisiau rhai bechgyn yn gallu cymryd amser i setlo wrth i'w cyrff ddatblygu, gan swnio'n uchel ac yn isel bob yn ail pan maen nhw'n siarad. Cracio ydy'r gair sy'n disgrifio hyn.

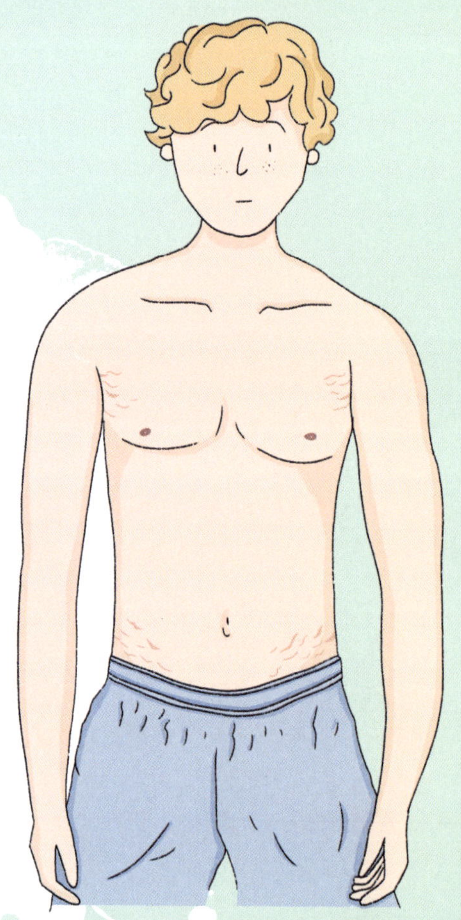

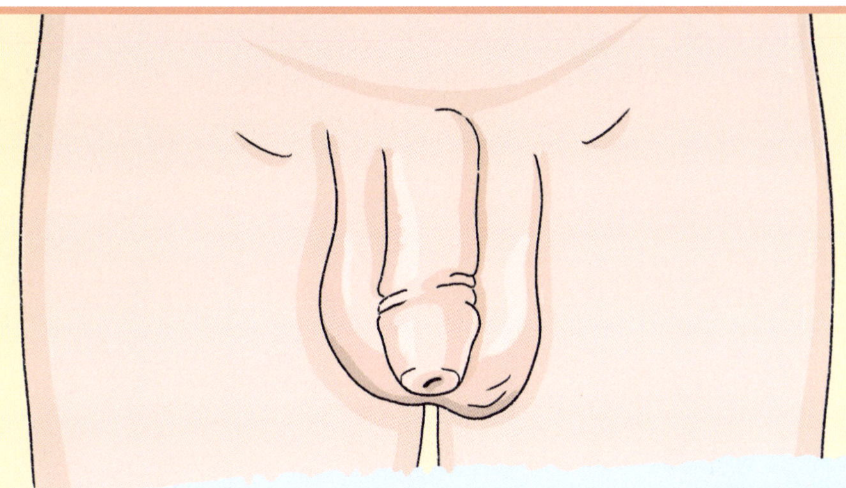

Ac mi fydd y **ceilliau**'n dechrau cynhyrchu sberm hefyd.

Mi fydd y **pidyn**, sydd fel arfer yn feddal, yn mynd yn galed o dro i dro – weithiau, heb reswm o gwbl! Codiad ydy'r enw am hyn (codi + ad = pan mae'r pidyn yn 'codi'. Enw da, 'de?)

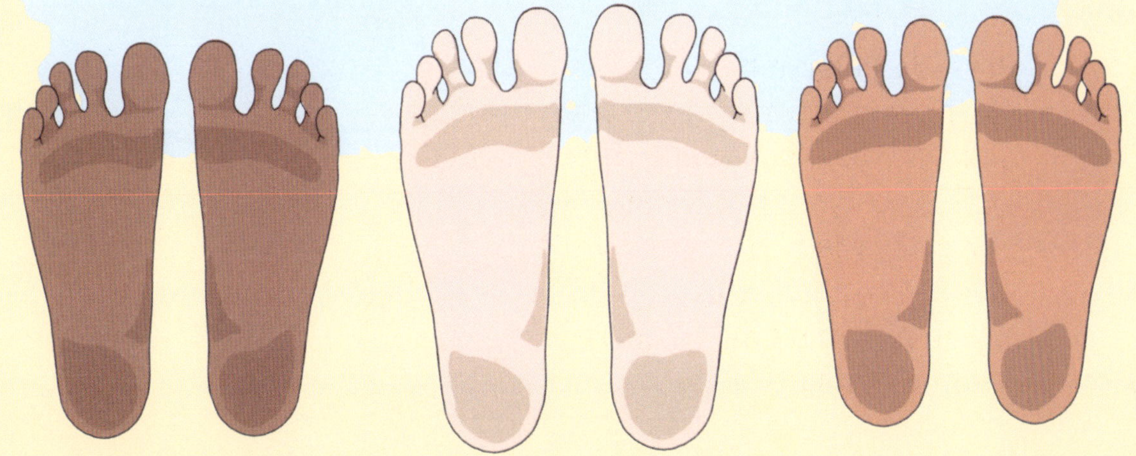

Dydy'r corff ddim yn datblygu'n dwt nac yn daclus! I fechgyn, esgyrn y traed ydy'r rhai cyntaf i ddechrau tyfu yn ystod yr arddegau fel arfer.

Rhywbeth bach yn poeni pawb o hyd...
Yn union fel merched, mae'r holl newidiadau sy'n digwydd yn ystod yr arddegau yn gallu achosi pryder i fechgyn hefyd.
Ydy hyn yn normal?
Pam dwi ddim wedi dechrau datblygu eto?
Pam dwi'n teimlo fel hyn?

Weithiau, gall rhai bechgyn deimlo dan bwysau i ymddangos yn tyff, gan beidio â gwneud ffys wrth iddyn nhw dyfu i fyny. Efallai nad oes llawer yn dweud wrth neb sut maen nhw'n teimlo, ac wrth gwrs, mae siarad yn gallu bod yn help mawr i ddeall beth sy'n digwydd i ni. Mae'n bwysig bod bechgyn a merched yn gefnogol ac yn garedig i'w gilydd gan beidio â gwneud hwyl am ben y datblygiadau sy'n digwydd i gyrff y naill a'r llall.

Yn gefn i'n gilydd – mae'r arddegau gymaint yn haws felly!

GEIRFA

	CYMRAEG	*SAESNEG*
A	ael, aeliau	*eyebrow, eyebrows*
	amsugno	*to absorb*
	anws	*anus*
	arddegau	*teenage, teens*
	arogli	*to smell*
	asgwrn, esgyrn	*bone, bones*
	atal cenhedlu	*contraception*
B	beichiog	*pregnant*
	blewyn, blew	*hair, hairs*
	brest	*chest*
	bron, bronnau	*breast, breasts*
C	caill, ceilliau	*testicle, testicles*
	cemegolyn, cemegolion	*chemical, chemicals*
	cesail, ceseiliau	*armpit, armpits*
	clun, cluniau	*hip, hips*
	codiad	*erection*
	colur	*make-up*
	corff	*body*
	creithio	*to scar*
	croen	*skin*
	croth (y groth)	*womb*
	cusanu	*to kiss*
	cyhyr, cyhyrau	*muscle, muscles*
	cylchred mislif	*menstrual cycle*
	cynnyrch mislif	*period products*
CH	chwarren, chwarennau	*gland, glands*
	chwydd	*swelling*
	chwys	*sweat*
	chwyslyd	*sweaty*

D	deunydd, deunyddiau	*material, materials*
	diaroglydd, diaroglyddion	*deodorant, deodorants*
	drewdod	*stench*
	drewi	*to stink*
	dwylo	*hands*

| **E** | eli | *lotion, ointment* |
| | esgyrn | *bones* |

| **F** | fagina | *vagina* |
| | fwlfa | *vulva* |

FF	fferyllydd	*pharmacist*
	ffisig	*medicine*
	ffrwythloni	*to fertilise*

G	glynu	*to stick*
	gwain (y wain)	*vagina*
	gwgu	*to frown*
	gwrido	*to blush*

| **H** | haint | *infection* |
| | hormon, hormonau | *hormone, hormones* |

| **L** | leinin | *lining* |
| | lwmpyn | *lump* |

LL	llawdriniaeth	*operation*
	lleddfu	*to ease*
	llif	*flow*

M	mabwysiadu	*to adopt*
	maethu	*to foster*
	meddyginiaeth	*medicine*
	mislif	*period*
	mwstásh	*moustache*

| **O** | ofari, ofarïau | *ovary, ovaries* |
| | olion ymestyn | *stretch marks* |

P	padiau	*pads*
	pen-ôl	*bottom*
	persawr	*scent*
	pidyn	*penis*
	piwbig	*pubic*
	poer	*saliva, spit*

| **RH** | rhedlif | *discharge* |
| | rhyw | *sex* |

S	sberm	*sperm*
	sbot, sbotiau	*spot, spots*
	sebwm	*sebum*
	seimllyd	*greasy*
	streipiau	*stripes*
	stribyn	*strip*

T	tampon, tamponau	*tampon, tampons*
	teneuo	*to thin*
	teth, tethi	*nipple, nipples*
	trwchus	*thick*
	tyfiant	*growth*
	tymheredd	*temperature*

| **W** | wrethra | *urethra* |

| **Y** | ymennydd | *brain* |